怪物图鉴：西方神话世界的神奇生物

【西班牙】康塞普西翁·佩雷阿　著

刘　洋　译

浙江人民出版社

图书在版编目（CIP）数据

怪物图鉴：西方神话世界的神奇生物 / (西) 康塞普西翁·佩雷阿著；刘洋译. — 杭州：浙江人民出版社，2022.6
ISBN 978-7-213-10074-1

Ⅰ. ①怪… Ⅱ. ①康… ②刘… Ⅲ. ①神话—生物—西方国家—通俗读物 Ⅳ. ①B932.1-49

中国版本图书馆CIP数据核字(2022)第051471号

浙江省版权局
著作权合同登记章
图字：11-2020-402 号

怪物图鉴：西方神话世界的神奇生物
GUAIWU TUJIAN : XIFANG SHENHUA SHIJIE DE SHENQI SHENGWU

[西班牙] 康塞普西翁·佩雷阿 著 刘 洋 译

出版发行：浙江人民出版社（杭州市体育场路 347 号 邮编：310006）
市场部电话：(0571) 85061682 85176516

责任编辑：陈 源
特约编辑：魏 力
营销编辑：陈雯怡 赵 娜 陈芊如
责任校对：陈 春
责任印务：刘彭年
封面设计：Amber Design 琥珀视觉
电脑制版：范秋霞
印　　刷：北京阳光印易科技有限公司
开　　本：787 毫米 × 1020 毫米　1/16　印　张：10
字　　数：120 千字　　　　　　　　插　页：4
版　　次：2022 年 6 月第 1 版　　　印　次：2022 年 6 月第 1 次印刷
书　　号：ISBN 978-7-213-10074-1
定　　价：88.00 元

如发现印装质量问题，影响阅读，请与市场部联系调换。

目 录

前言：被怪物包围的世界

　　一部动物寓言集就是一本对神话传说中的动物进行汇编的集子，其中所描绘的一些动物或许根本不存在，或许对现实中存在动物的改造加工。之所以如此，是因为动物寓言集往往伴随着一种完全的象征性语言。这种随历史延续的象征性语言是社会或宗教赋予每种动物的。

　　当我们谈论人类的象征学时，尤其要提到的是人类在努力认识世界和改造世界的过程中所形成的想象力。西班牙皇家语言学院对"符号"一词给出了以下定义：

　　1. 根据约定俗成或关联性，被认为用来代表某种实体、某种观念、某种条件的物质要素或物品。

　　2. 一种对艺术价值和概念的表现形式，始于19世纪末的象征主义潮流，影响了后来的诗歌流派和艺术流派。这种表现形式通过词语或符号的潜意识启发性或联想性产生意识性的情感。

　　3. 用于语言学领域。一种用固定不变的图形方式表达科学或技术性质概念的表现形式，由一个或多个字母或其他非字母符号组成，在国际范围内广为传播，但与缩写不同，书写时后面无句点。

　　4. 用于钱币学领域。添加到硬币和奖章上的附属标志或图案。

　　我们更为关注的是第一个定义，因为它是最接近本书目的的定义。符号是一种观念的表现形式，也是对一系列可能看起来很复杂或难以理解的抽象概念的一种解释方式。对我们来说，

现代的男人和女人，就是一种观念的图画或具体表现形式。我们使一个词或一个概念具有可视性和普遍性。但是在远古时代，符号不仅仅是这样的。

一个符号包括相互关联且合乎逻辑的各种含义的整个语义领域。抽象的、想象的、难以定义的事物，变成了确定的、具体的和接近的事物。这个被具象化的事物可能是一种动物、一种颜色或一件物品。这种方式，不仅可以解释无法理解的一切，还可以与其所代表的力量联系在一起。

魔法和符号、宗教及其寓言、迷信及其表现形式是一个密码系统。通过这个系统，想象力试图控制实际上超出其掌控范围的事物。这个符号有助于定义世界和解释世界。对于那些如果不是因为这个共同的假想系统就永远不会得到解决的问题来说，符号提供了答案。由于魔法的存在，一个符号通常就是许多具体问题的解决方法。例如，如果当地长期干旱，那么有很多可以使用的方法来克服它，这些方法包括在树上悬挂蟾蜍皮（因为蟾蜍是水和雨的象征），以及向克瑞斯——罗马的谷物女神——献上火鸡的羽毛。

每个地区都创立了自己的符号，但是有些符号是各地通用的。将猫头鹰与黑夜联系在一起似乎是合乎逻辑的，因为它是一种夜行性的动物。将夜晚与未知的事物及无法解释的事物联系在一起也是同样的道理，因为在黑暗中，一切都会被混淆，因此，夜晚也就自然而然地与魔法联系在了一起。但是，尽管在某些文化中，猫头鹰成了夜晚的象征；但在另一些文化中，猫头鹰也象征着魔法或另一种更为漫长的夜晚——死亡，因此，猫头鹰具有完全不同的内涵，有的是正面的，有的是负面的。

野兽和符号

在本书中，我们谈到了野兽、神话传说中的动物和幻想中的动物。其中一些，例如克拉肯（大王乌贼）直到最近才被认为真实存在，而另一些则是混淆或误解的结果，例如路克罗塔，可能是希腊人对鬣狗的描述。另一些真实存在的动物则被人们赋予神奇的能力和品质。人们想象出许多神奇的生物，并赋予它们各种各样的力量。这是一种消除固有恐惧或表达同情的方式。例如，对于人类来说，马一直是一种高贵而有益动物，因此，所有与马有关的文化都赋予它积极的象征意义也就不足为奇了。人类丰富的想象力将马与飞马座、独角兽等奇妙而有益的生灵联系在一起。这些生灵是人类想象力或美德的集中体现。它们源于动物本身，却为人类描绘自己的想象、期望或恐惧提供了一块画布。它们冲破了现实的樊篱，在想象的空间中翱翔。这个想象的空间与我们的愿望和恐惧息息相关。

随着时间的流逝，其中一些生灵的象征意义发生了演变，例如萨梯，它从古典时期的狂欢者变成了魔鬼的代表。这些变化向我们表明了人类内心的变化，也向我们表明了人们在不同时代的需求变化，或者在不同文化中的需求变化。有的生灵几乎保持原样，有的生灵一直在变化，有的生灵则湮灭在历史的长河中，只有通过搜寻像《阿伯丁动物寓言集》这样古老的经典著作才能找到它们的身影。这也充分说明我们的文化是如何演变的：今天的我们变得更加理性，不再那么天真，我们的世界不再需要像博纳肯这样的生物（博纳肯反映了中世纪的农业生活及其略带污秽的幽默感），但是尽管如此，我们仍然保持着

人类的想象力，仍然梦想着龙等想象的生灵。

神话生灵和虚构生灵的有趣特征之一便是，其中的许多生灵结合了各种动物的特性，这使得它们的象征体系更为丰富和复杂。

这也使得这些动物变得更可怕，因为我们在这本书当中遇到的许多怪物都表达了人类的恐惧。这些怪物很容易让人产生联想，所以就由纸上抽象的形象迁移到了现实中的具体动物身上。但是，无论它有多可怕，只要它被迁移到现实之中，就会被赋予诸多弱点并因此而被击败。与恐惧本身不同，怪物总是被杀死或者至少可以找到一种方法免受其伤害。通过这些怪物，我们见证了善良击败邪恶和理性战胜非理性的种种方法。

根据四种元素——土、空气、水和火，我们对本书中的生灵进行了分类，原因非常简单：动物的象征意义常常与它们所生活的环境有关，因此，与"原始水域"有关的生物本身可以被视为生命起源、生育力和复活力量的象征。与火有关的生物，例如龙或蝾螈，首先可以代表元素的破坏性方面，其次则代表发热和保护。

神话与象征意义

神话中写满了寓言般的动物。其中的许多动物也在一些"奇幻"故事当中有所描述。这些故事中也不乏勇斗怪物的英雄和骑士，他们通过这种方式间接地与创造怪物的神灵相对抗。在本书中，我们可以找到诸多此类示例：斯芬克斯、拉弥亚、弥诺陶洛斯、女海妖、九头蛇、哈耳庇厄、龙等。它们都充满了象征主义和启蒙性的教导。在神话中，怪物通常代表了人类因超越某些界限或冒犯众神而遭受的惩罚。同样，英雄则代表了总是依靠神的帮助，与自身邪恶进行斗争的整个人类。

代表贪婪、自私、愚蠢或愤怒之类恶习的怪物，总是被代表美德、智慧或力量的英雄所击败。例如，柏勒洛丰运用智慧而不是力量击败了奇美拉，要归功于雅典娜的帮助，正是这位智慧女神告诉他如何驯服飞马。在这里，飞马象征着人类智慧能达到的高峰，而奇美拉则代表着一切非理性和荒诞的事物。因此，这是一次象征性的斗争，因为神话的基本性质是象征。这些奇怪的生灵也因此出现在了本书中。不仅如此，当这些生灵的存在价值不是宗教意义，而仅仅是为了讲故事时，由其所产生的各种各样的故事也不会脱离上面这些经典的主题。在这些故事当中，击败怪物的英雄、守护宝藏的怪物、令人恐惧的怪物，或是因受到公正或不公正惩罚而变成怪物的忤逆神祇的人物，都在诉说这些故事背后的文化。拉弥亚是一个很好的例子：当发现拉弥亚是自己丈夫——宙斯的情人时，赫拉把拉弥亚变成了怪物并杀死了她的孩子。拉弥亚这位不幸的母亲从一个美丽的女人变成了一个贪婪的野兽。这位吸血鬼的先驱，总是从摇篮里偷走并吞食孩童。深受丧子之痛折磨的拉弥亚，除了复仇，别无他法。请注意，在神话中，英雄永远是男人，而怪物总是由女人变来，这也反映了古代社会的很多情况。无论如何，这种象征性已经在我们的文化中根深蒂固，因此我们只需要稍稍环顾四周就可以看到它们的存在。我们生活在象征之中，我们被怪物包围着。

≋ 水 ≋
生命、智慧、重生

关于"水是生命之源"，有一个通行世界的神话：原始水域。水是一种无定形、永恒和恒定的物质，当水退去时，土地上升，生活在土地之上的生物也就出现了……当然，水也可以转眼之间就吞噬掉这些生物。

作为最基本的物质，水可以变换各种形式。一般来说，水代表液体，包括动物的血液、花草的汁液还有农作物的油脂——存在万物胚芽的地方。水也是受精的典型象征，与月神、月经、妇女和雨水密切相关。水是造物的原材料，是世界之卵孵化（或漂浮）的地方。

水与创造有关，但也与重生和净化有关。根据基督教等宗教的说法，罪恶在水中被洗净，经过施洗的人们变得干净、恢复本色和获得新生。因此，浸入水中是重生的标志。也就是说，水是众神赐予的礼物，当它落在地上时，就会使土地肥沃，五谷丰登，植物焕发生机，河流水量丰沛。没有水就不能生活，因此对于沙漠地区的人们来说，为远道而来的客人奉上饮料或者让他们用水来净面、洗手和沐足，就是最好的待客之道。神圣的宗教祭礼也经常在泉水、河流和湖泊周围举行。

水是生命之源，但是水的象征意义也具有高低优劣之分。

好的水来自从天空落下的雨水，因此是有益和纯净的。坏的水则来自海洋，是咸的。前者赐予人类生命和祝福。平静的水域是和平与安全的象征，混乱的水域则是邪恶和无序的。无边无际的大海是危险的，在它的深处隐藏着巨型怪物，也蛰伏着大型的破坏者：提亚玛特、利维坦、耶梦加得。惩罚罪人的野兽几乎都是来自海洋，而宝藏和丰富的知识都隐藏在淡水之中。

这些水是生活中的阳性与阴性原则，代表秩序与混乱，生与死。它们出现在开头和结尾。水不是万物简单的过去和未来，而是一个必要的常数。首先，它是现在，因为没有水一切都不可能存在，所有的生物都有口渴之感或是直接生活在水中。但水也会变化，水的自然状态是液态，但它可以蒸发或冻结，从固态变成气态，从气态变成液态。改变即适应。水的外观会变化而本质不变。这种改变的能力使水能够改变周围的一切：击碎岩石，覆盖深渊，到达天际……这种特征使水成为适应必要变化和多功能能性的象征。这种变化是表面的，却是有力的，而同时又保持了其本质。水象征着适应性和转化性，但也象征着破坏性。

当这种原始的液体变成一种强大的自然力量，并可以摧毁其所触及的一切时，水的负面形象也就昭然若揭了：能够摧毁整个城市的潮汐、让文明神秘消失、摧毁海岸和摧残无辜者的滔天巨浪。人类想象在水底深处的寂静与黑暗之中，潜藏着充满邪恶、怨恨和瘟疫的可怕怪物，除非有众神或英雄与它们对抗，否则人类是无法逃脱它们魔爪的。

例如，海水常年的波涛汹涌，也使那些不得不在海中谋生的人们忧心忡忡。从远古时代起，在水手和渔民中就流传着一些关于海中万物及其对人类威胁的恐怖神话。在这些神话中，海里的众神总是脾气很坏，他们既可以使海面风平浪静，又可以制造海难和海啸。如果本应该受人崇拜和为人类提供保护的众神都能这样做，那么有什么是海里的生灵们不能做的呢？……有些怪物声名狼藉，被视为骗子，甚至是让人们永远失去纯洁灵魂的诱惑者。其他一些怪物只是周围一切的破坏者。

有一些水域是生命的源泉，但也有一些水域是有毒的，意味着疾病、痛苦和死亡。水中几乎没有任何生灵会善良地存在，相反，它们将是自然的敌人，正因为如此，甚至在古老的地图上都装饰着令人不安的海怪，这也许是为了阻止冒险家们走得太远。

我们将要介绍的怪物——克拉肯、利维坦、海蛇，只是关于水的大量神话中的一部分。例如，在日本的传统中，有一个龙神。它是一条集聚了海洋力量的龙，住在水下宫殿中，更令人不安的是，它总是以人的形象出现。在龙神的各种法术中，对海浪的操纵最为突出，这是一种可以翻江倒海的本事，常常导致各种灾难。在巴比伦神话中有操控一群恶魔的提亚玛特。同样，在北欧神话中有一个怪物叫耶梦加得——一条巨大的海蛇。这个怪物是诡计之神洛基和一个女巨人的儿子。作为邪恶的继承人，它表现出可怕的力量和侵略性，甚至有人说只要它头尾相衔，就可以盘绕整个世界。

因此，我们面对的是一种能给予我们最好事物和最坏事物的元素，它可以使我们重生，使我们净化并赋予我们生命，但它也是生灵的栖息地。这些生灵显示出了二重性，同时这些生灵也是无法信任的。

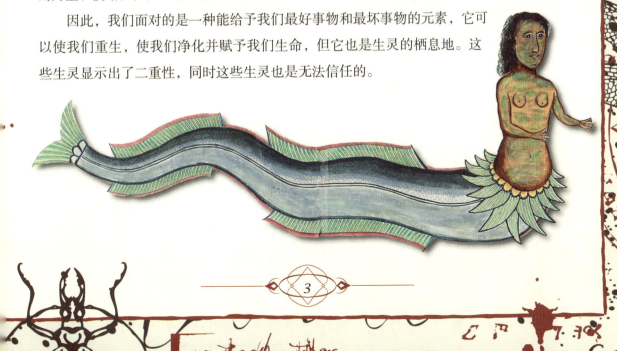

鲸 鱼

尽管事实并非如此，但是鲸鱼的象征意义在很多方面都与鱼类相一致。它是水中生命的象征，巨大的体型使它与海洋的广阔无垠联系在一起。根据各种传说，鲸鱼的背上支撑着造物的重担，这是它与乌龟、大象和鳄鱼共同承担的角色，并因此获得了宇宙生物的名称。因此，人们认为风暴和暴风雨是由它的运动引起的。

和龙、海怪、利维坦一样，鲸鱼与所隐藏事物的深度和神秘性有关。它被描述为一条有分叉尾巴的大蛇。鲸鱼是英雄要成长为真正的男人所必须战胜的一种生物，战胜它是英雄实现跨越和转变的一部分。在不计其数的故事当中，鲸鱼吞下了英雄以保护他或把他带往别处。

鲸鱼也是一种与母性和家庭保护有关的动物，因为人们认为鲸鱼不会舍弃家人独自旅行。鲸鱼会照顾它的孩子长达一百年，而且在此期间，它从不睡觉。

鲸鱼象征着隐藏的秘密、知识和宝藏的守护者。同时，鲸鱼不像其他生灵一样只是保护者，也是拥有者。将鲸鱼像两个圆合并在一起的形状与天体和地球的结合相比较，会发现鲸鱼象征着天地联合。在许多文化中，鲸鱼的骨头都被认为是神圣的，被用作护身符，以引导水手并保护他们免受风暴侵袭。人们认为鲸鱼骨头可以防止船只沉没，所以一个随身带着鲸鱼骨护身符的水手是不可能被淹死的。

象征意义

启蒙·宇宙

在各种文化背景下的神话中，进入鲸鱼这巨大怪物的腹部，就象征着进入黑暗世界。鲸鱼的胃是地下世界的黑暗，而脱离这些黑暗是一种依靠勇气和耐心克服危险的启蒙仪式。这也是死亡和复活的隐喻，成功逃离鲸鱼腹部的人，会因为这段经历而变得更加聪明和强大，这也可能是接受众神所施加惩罚的方式。作为两种存在状态之间的中间阶段，鲸鱼的内部是宇宙的母体，抛弃它就是重生和返回一个更新的世界。在这些故事中，鲸鱼的角色可能是邪恶的，如会变成《圣经》中的利维坦。或者，就像在那些英雄经受住考验而获得重生的故事当中一样，鲸鱼的角色也可能是有益的。

鳄 鱼

鳄鱼被认为是河流和湖泊之王，因为终其在河流或湖泊所度过的一生当中，没有任何天敌敢挑战它。例如，埃及人崇拜鳄鱼神索贝克，尼罗河就诞生自这个长着鳄鱼头和人身的巨兽的汗水。据说，吞噬一个人之后，这个巨兽就会哭泣——这就是"鳄鱼的眼泪"说法的起源。人们常常将这种说法与虚伪和自私的想法联系在一起。在底比斯和莫里斯湖，人们都崇拜鳄鱼神索贝克，因此当有鳄鱼死去时，会像对待国王那样把它制成木乃伊。

同时，鳄鱼象征着称职的父母，因为它们在保护鳄鱼卵免受破坏时表现得凶猛无比，而对待幼崽时又极其温柔，会用嘴含着孩子们，把它们带到水里。另一方面，人们又会将鳄鱼与龙联系在一起，甚至与龙相混淆，因为人们认为这两种爬行动物都是不死的，只能通过找到一个可能隐藏在它们体内的弱点才能杀死它们。

在很多中美洲国家的文化当中，鳄鱼掌管降雨，因为当雄性鳄鱼向雌性求偶时，会发出低声的振动以吸引对方。这使得水在它鳞片状的背上起舞并飞溅，在地面上形成小波浪，产生正在下雨的幻象。丰沛雨水与肥沃土地的天然联系使鳄鱼成为一种富有创造力的野兽，并受到极大的尊敬。降雨使土地重生、河流丰沛、五谷丰登，但也可能产生洪流，从而引发水灾和山体滑坡。

由于鳄鱼有几个小时保持完全不动的能力，所以还与耐心地等待、时间的流逝和永生不息有关。它的这种能力和坚硬皮肤使其与泥土和石头联系在一起。鳄鱼也被认为是永恒不变和不受变化影响的自然力量。

象征意义

贪婪·创造·双重性

张 着大嘴睡在河岸上的鳄鱼常与巨大的吞噬者联系在一起。鳄鱼的形象是双
重的、矛盾的，在它身上混合了贪婪与繁殖、创造与死亡。根据埃及文化
中的描述，鳄鱼是世界和水的创造者，但它每天晚上也会吞下太阳、吞噬死者灵魂。
埃及文化中，鳄鱼既是神又是怪物。鳄鱼生活在水中，背部长满藻类，它常用腿部和
尾巴搅动泥土——这是与繁殖和创造有关的动作。在鳄鱼进行吞噬和毁灭的时候，它
会突然上升到水面并将受害者拖拽至死亡。鳄鱼象征着自然的两面：具有创造性的一
面和最残酷的一面。

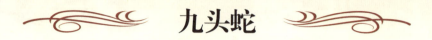

九头蛇

　　九头蛇是一条有七颗头或九颗头的大蛇。它的头被斩断后，会再次长出来。九头蛇曾被用来代表大河，而河的支流和三角洲就是这些头。暴涨或枯水的河流，可能与其所象征的这种神话动物一样致命。九头蛇还代表了人类的恶习。这些恶习不仅难以根除，还会导致其他恶习。

　　九头蛇中间的那颗头应该是永生不死的，因此只有真正的好手才能砍掉它。九头蛇全身布满金子，它锋利的牙齿渗出致命的毒药，而它的血液在溢出的时候，会变成更多的蛇。九头蛇有一个叫水蛇的雄性对应物，这种体型庞大的怪物，以鳄鱼为食，是鳄鱼的死敌。水蛇打败鳄鱼的形象象征着正义与邪恶的斗争。

　　我们所知道的第一个九头蛇是飓风之神提丰和女首蛇身怪厄喀德那的女儿九头蛇勒拿。提丰与厄喀德那生下了各种可怕的生物，如地狱犬或斯芬克斯。至于九头蛇勒拿，则生活在勒拿湖附近的一片沼泽中，它使得沼泽变得有毒和布满瘟疫。尽管在其他版本的神话中提到的九头蛇有十颗头甚至十二颗头，但在大多数版本中都是九颗头。

　　九头蛇最终在勒拿湖被赫拉克勒斯和他的侄子伊俄拉俄斯杀掉，这也是赫拉克勒斯要完成的十二项任务当中的第二项。九头蛇呼出的气息剧毒无比，所以两位英雄不得不用手帕遮住鼻子和嘴巴。由于九头蛇不断喷出毒气，使人难以进入它睡觉的洞穴，赫拉克勒斯便向九头蛇的藏身之处射出带火之箭，迫使它逃出洞穴。当九头蛇进入开阔之地时，赫拉克勒斯就用剑与它作战。但是，每当砍下它的一个头时，就会在同一地方长出另一个头，而且比以前的头更结实、更凶猛。幸运的是，在智慧女神雅典娜的启发下，伊俄拉俄斯想到了用火炬烧灼致其断颈，蛇的头便无法重生。最后，砍下了九头蛇所有的头之后，它就死了。赫拉克勒斯用有毒的蛇血浸泡自己的箭头，以使其更有杀伤力。九头蛇那颗不死的头虽然被砍下，却还想着咬人，叔侄二人便将其埋在了巨石之下。

　　曾经抚养过九头蛇的赫拉女神把它送上了天，并变成了一个星座。这不是女神在那一天创造的唯一星座，因为据说为阻止九头蛇被杀死，赫拉派来一只巨蟹钳了赫拉克勒斯的手指。但这完全不起作用，赫拉克勒斯一脚就踩碎了巨蟹。为了纪念自己所派出救兵的英勇牺牲，赫拉也把它放在了天空之中，成了巨蟹座。从此，在希腊神话中，一条与河流和沼泽相连的蛇怪形象就出现了，这条蛇总是邪恶而致命的。我们会发现在许多文化和传说中都有这个形象。

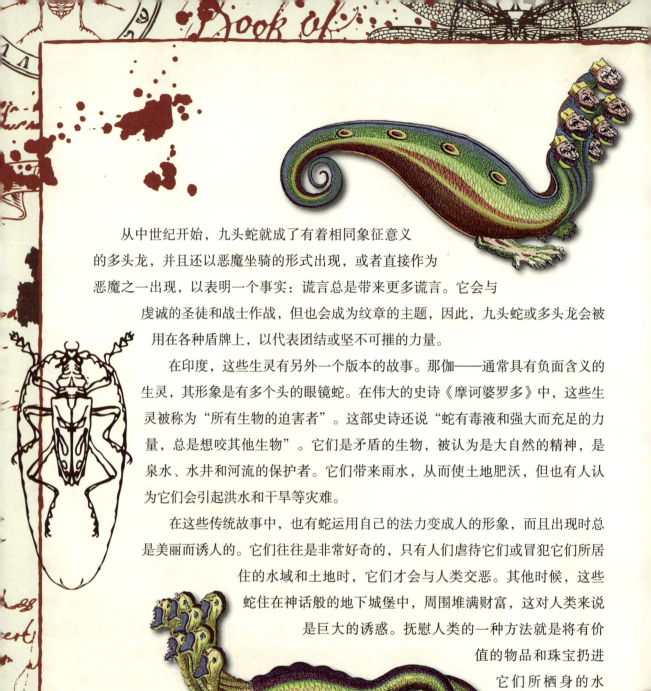

　　从中世纪开始，九头蛇就成了有着相同象征意义的多头龙，并且还以恶魔坐骑的形式出现，或者直接作为恶魔之一出现，以表明一个事实：谎言总是带来更多谎言。它会与虔诚的圣徒和战士作战，但也会成为纹章的主题，因此，九头蛇或多头龙会被用在各种盾牌上，以代表团结或坚不可摧的力量。

　　在印度，这些生灵有另外一个版本的故事。那伽——通常具有负面含义的生灵，其形象是有多个头的眼镜蛇。在伟大的史诗《摩诃婆罗多》中，这些生灵被称为"所有生物的迫害者"。这部史诗还说"蛇有毒液和强大而充足的力量，总是想咬其他生物"。它们是矛盾的生物，被认为是大自然的精神，是泉水、水井和河流的保护者。它们带来雨水，从而使土地肥沃，但也有人认为它们会引起洪水和干旱等灾难。

　　在这些传统故事中，也有蛇运用自己的法力变成人的形象，而且出现时总是美丽而诱人的。它们往往是非常好奇的，只有人们虐待它们或冒犯它们所居住的水域和土地时，它们才会与人类交恶。其他时候，这些蛇住在神话般的地下城堡中，周围堆满财富，这对人类来说是巨大的诱惑。抚慰人类的一种方法就是将有价值的物品和珠宝扔进它们所栖身的水域中。

象征意义

恶习·邪恶·谎言

INDEFESSA GERENS REDIVIVIS BELLA COLVBRIS ARGOLIS AD LERNÆ TVNDITVR HYDRA VADVM

九头蛇有两个含义。第一个含义是水的破坏性力量，而这种水往往是难以阻挡和疏浚的。它也是停滞不前、剧毒无比和无法饮用的水的象征。第二个含义（也是希腊神话中最普遍的含义）是人类的邪恶以及能够滋生更多恐怖，其所到之处会留下灾难和不幸。雅典娜引导赫拉克勒斯杀死九头蛇这件事具有明显的寓意：人类的恶习，有时会因为其华丽的外表而欺骗那些粗心的看客，它不仅不会轻易消失，还会频繁出现并与日俱增。难以根除的谎言也是如此。只有善良的手才会斩断它们，而且只有对其进行彻底根除，才能避免它们死灰复燃。九头蛇的那些头被砍掉而又复生，对于那些将谎话连篇奉为处世哲学的人们来说有很好的教育意义。

克拉肯

　　克拉肯是斯堪的纳维亚和芬兰神话中的一种海洋生灵，它通常被描述为一种巨型鱿鱼或章鱼。在所有海洋中它都是一种危险的存在，尤其是在北欧的海洋中。它很少甚至从来都不让人看到自己的全貌，最多只能看到它身体露出海面的一小部分，但这一小部分也像是小岛一样。据说克拉肯居住在水底深处，在那里一睡就是好几个月，觅食时也只是去那些鲜为人知的海域，所以很少有水手能看到它那巨大的触手。水手们把它描述成一种有一个躯体和众多触手的生物，当这些触手展开时，其全长可能长达数公里。其躯体的某些区域甚至可能被苔藓、灰尘和野草所覆盖，因此它常常被错当成陆地。

尽管水手们的记述中出现过具有类似特征的怪物，如海怪哈弗尤方或巨鲸林博格尔，但实际上，直到18世纪，北欧的水手们才开始使用"克拉肯"一词。1752年，卑尔根主教埃里克·路德维格森·蓬托皮丹在他的《挪威的自然历史》中对克拉肯做了如下的描述："这种一英里半（1英里相当于1.6公里）长的野兽如果缠绕住了最大的战舰，就会把它拖入海底。"他还特别指出："这种怪物栖息在海底，只有在它被地狱之火灼烧时，才会上升到海面。"尽管有这么多相关的描述，但对于水手们来说，克拉肯从未有如利维坦之类海洋怪物那样的宗教象征意义。

克拉肯也成了解释某些船只莫名消失的原因。遭遇克拉肯而毫发无损几乎是不可能的，因为它的出现寓为可以使船只搁浅的暴风雨、海市蜃楼和岩石暗礁来临前的欺骗性平静。这种生灵象征了在海洋中可能发生的任何不幸，但它并不像利维坦那样可恨或邪恶，它只是出现在大众的想象中，从没有任何宗教把它当作既定的象征或隐喻。

关于这种神奇动物的传说和故事无处不在。海员们认为，在吃掉大量的鱼后，克拉肯的排泄物形成了许多巨大的半固态岛屿。很多鱼类以这些岛屿为食。如果一个渔夫的捕获数量异常多，人们往往会说："它一定是在克拉肯的上方捕鱼。"但是，这样的捕鱼掩盖了一个可怕的事实，如果总是在克拉肯背部附近游弋的某种鱼类或发光腔肠动物出现在渔网里，那么这个渔夫就会很快面临不可避免的死亡。因此，不幸总是伴随着克拉肯的出现。

人们所观察到的这种怪物的某些特征与冰岛地区的海底火山运动有一些相类似，这些特征包括水泡、急流和出现新的小岛。至于在地图上出现或消失的岛屿，或只能在一年的某些特定时期才能看到的岛屿，一直是沿海地区的村庄中流传的永恒传说。

这些传说将克拉肯与另一种巨大的海洋生物——鲸鱼联系在一起。在北欧神话中，克拉肯和鲸鱼既是船只的破坏者，又是渔获的提供者。也有传说提到鲸鱼背上背着小岛。在有克拉肯出现的故事当中，鲸鱼常扮演猎物的角色。这是为了帮助人们想象这种海妖到底有多大，因为它既然能够捕食这些身材巨大的鲸鱼，想必它更硕大无比。

通常，当在岸上发现一只鲸鱼时，人们会认为鲸鱼是为了躲避这个凶猛的捕食者搁浅而死的。同样，当在鲸鱼不常出现的海域看见它们时，这就是一个警报信号，因为很有可能是鲸鱼为了躲避克拉肯而来到此地。

但是，应当指出的是，克拉肯不是邪恶的怪兽，它对人类的攻击也没有预谋。这种神奇的动物宁静地生活在自己的领地上，并不以人类为食，除非人们闯入并打扰了它的生活。与克拉肯的相遇不是神圣的惩罚，也不是恶意的产物，这完全是偶然的。

对我们来说，相信克拉肯是种真实存在的生物并非完全不可能。事实是，有科学记录证明，确实有巨型鱿鱼存在，其长度可以达到22米，重量可以达到1000千克。它们实际上居住在深海的寒冷和黑暗水域中，直到死后才停止生长。每当发现一个巨大的鱿鱼时，由于其可怕的外表，它最终会成为被研究的对象或者博物馆的展品。科学家已经将这些动物命名为大王乌贼，而人类的想象力给它起名叫克拉肯。

象征意义

危险·破坏

克拉肯代表着海洋具有欺骗性的一面，也代表着船舶和水手们所面临的危险。它也是隐藏在水域之下的一切未知事物，还有既有益处又极具破坏性的自然循环。水手和渔民必须冒着生命危险谋生。他们所有的集体恐惧，导致了有关这些巨型海妖传说的出现。实际上，遇到克拉肯不仅会使船只因海妖的贪得无厌而遭到攻击，还会使船只被海妖再次沉入水中所产生的巨大旋涡拖入海底，或是使船只被海妖浮出水面所引起的巨浪压碎。

利维坦和贝希摩斯

利维坦的名字来自希伯来语"liwyatan"。这个词的字面意思是"盘绕"，指的是类似于大蛇或龙的形状。这种海怪最早出现在《旧约》中，它通常与魔鬼撒旦有关。尽管看起来很矛盾，但它确实是由上帝创造的，因此也只有上帝才能毁灭它。尽管实际上利维坦一词已被广泛地用作巨大怪物或生灵的代名词，但据说，利维坦代表了上帝创造世界之前存在的混乱，它与此后所产生的一切都发生冲突。

尽管在《圣经》的《以赛亚书》《诗篇》《创世记》等篇章当中提到"利维坦"多达六次，但是《约伯记》中对其的描述最为完整。利维坦被描述为有坚如盾牌一样的双层鳞甲的生灵，任何人类武器都无法完全刺穿它。除了坚不可摧，它还能口鼻喷火，这使它与龙颇有相似之处。它的火焰会使地面发生火灾，也能让受害者被烧伤。据说它有一双如白炽灯般的眼睛，所以当它穿过海洋时，会留下一条明显的光柱，这将它与其他海兽区别开来。

利维坦可能起源于近东神话中一种叫作罗腾的七头蛇，这两个名字在发音上非常接近。利维坦最初是原始水域中的怪物，在末日审判时，它将与贝希摩斯一起受死。贝希摩斯也是创世之时就有的生灵，据说它可能是河马或犀牛，或者至少在远古时代就被叫作贝希摩斯。利维坦和贝希摩斯都代表了土与水的对立以及相互冲突所造成的破坏。它们处于永恒的斗争和对立之中。

利维坦的诞生很可能来自巴比伦诗歌

《埃努玛·埃立什》中所叙述的事件。这个巴比伦诗歌讲述了英雄马尔杜克与原始水域万物之母提亚玛特之间的对抗。神话的早期版本将利维坦视为生活在海中的雌性怪物。它象征着水域的创造力和生育力，但也象征着异常生物的无序创造。它的伙伴是贝希摩斯——一种生活在沙漠中的怪物。在某些版本中，上帝将它们区分为两种怪兽，但起初是一种怪兽，利维坦是雌性，而贝希摩斯是雄性。这两个怪兽注定要在最后的时刻对立。最终，基督徒会忘记这种双重性，雌性怪兽的说法消失了，而利维坦将会是最大的水生怪物，它是雄性的，而且永远不会被唤醒。利维坦是一种原始性破坏怪物，最终将被上帝击败。它是善与恶斗争的最基本代表之一。

在《圣经》中，贝希摩斯是与利维坦相对立的怪兽，它的名字意为"四足动物"。这是一种巨大的动物，每天都要吞噬掉一千座山的牧草。当它口渴的时候，可以一口喝干多条河里的水。它的饕餮无厌使它无法繁殖，因为世界无法为两个这样大胃的生灵提供足够的食物。人们相信，这种生物的灵感来自河马或大象。

在《以诺书》中，描述了贝希摩斯与利维坦之间的最终对抗。这两个怪兽会在末日审判时争斗而死。其他版本则说这种对抗发生在创世的第一天，上帝被迫消灭它们，

以防止它们毁了上帝所有的杰作。

　　无论是上面说的哪种情况，这两个神话动物都代表了只有神才能控制的两种巨大的自然力量。贝希摩斯也被称为"坑中牛"，据说每年夏至时，它都要完成上帝交付的任务——抬起后腿并发出咆哮和吼叫。世界各个角落都可以听到这种吼叫。上帝这样做是为了阻止掠食者完全吞噬人类的畜群。由于这个原因，贝希摩斯被认为是有益的生灵，而利维坦被认为是恶毒的。贝希摩斯是草食性的，它会让鸟类落在自己巨大的背上，还会保护鸟类免受其他动物的攻击。它也会让整个牛群在它巨大的影子下吃草，不会受到任何伤害。在贝希摩斯的肚子下面，食肉动物和猎物完全和谐共处。

　　而在雅克·奥古斯特·西蒙·科林·德·普兰西于19世纪所写的《地狱词典》中，贝希摩斯不再是温和的野兽。在这本书中，贝希摩斯成了居住在地狱中的众多恶魔之一。它被描绘成一个有着大圆肚子的象头神，负责惩罚那些贪吃的人。

利维坦的象征意义

末日审判·地狱·混乱

在 中世纪，利维坦被认为是路西法的各种形象中的一种。如下的绘画形象，在当时是非常普遍的：

地狱在利维坦的咽门或胃中。利维坦是一切邪恶之物，是混乱和破坏。人们认为它是日食的始作俑者，因为它吞噬了太阳，以便让巫婆和巫师向世界播撒各种诅咒。人们还认为它的身体包围了整个地球，没有可与它比肩或与它抗衡的怪物。除了上帝，没有什么比它更强大、更傲慢。因此，它就成了过分骄傲的隐喻。

贝希摩斯的象征意义

斗争·善良

利 维坦和贝希摩斯之间的争斗象征着善与恶之间的永恒斗争，斗争摧毁了其前进道路上的一切。利维坦是个雌性怪兽，象征着水；贝希摩斯是雄性怪兽，象征着土。这代表着男人和女人之间永恒的紧张关系，或是两个对立事物之间无休止的斗争。当与撒旦和地狱有关的利维坦在世界末日从水中出来时，上帝创造的贝希摩斯出现并阻止了它。贝希摩斯力量巨大，足以统治其他动物，但它从不伤害它们，它的使命是保护生命和维持平衡。尽管可以吃肉，但它从不这样做。因此，贝希摩斯是所有野兽至高无上的国王。

水中女神

水中女神们充满爱心，总是准备帮助处于困境中的人们。她们的美丽和慷慨代表处女的美德。她们的智慧和她们守护水下财富的事实，象征着真挚的爱情和诚恳的求爱，因为爱情和婚姻是可以自由给予的财富。

有神话讲述说，这些美丽的仙女总是在湖泊和河流里用金色的梳子梳理她们的长发。如果一个人想要获得水中女神的帮助，他必须首先要偷走女神的梳子并将其藏在她们找不到的地方。水中女神不仅会帮助英雄，还常常会与他结婚并留在他身边。这些婚姻会一直持续到爱人们生命的尽头，除非人类因不忠而背叛了女神，或是女神收回了梳子并带着梳子一起离开。因不忠而失败的爱的象征意义非常明显，同样，这也是对那些希望结婚者的警告：如果没有对方的完全同意，爱情是不能强行实现的。以胁迫或勒索为基础的婚姻是行不通的，或者会以可怕的不幸而告终，因为一旦不忠，不忠者会因为背叛而被惩罚致死或者失去水中女神给予他的幸福和好运。

水中女神渴望找到一个不朽灵魂给予她们的爱情。这种渴望让她们有时会去寻找真爱。在这种情况下，一个男人判断站在他面前的不是凡人而是女神的唯一依据是：她拥有非凡的美貌；她的衣服总是湿的，哪怕附近没有水源或在炎热干燥的正午时分也是如此。水中女神的所有象征意义并非都如此友善，传说在有人溺水时，她们会在水下跳舞；而且通过繁育后代，她们也会将可怕的怪物带入世界，因为她们也是可怕的海妖的母亲。

象征意义

友善·忠诚

水中女神是居住在湖泊、河流和泉水中的精灵，她们总是以长发美女的形象出现在男人面前。

水中女神对人类是友善的，她们知道过去和未来，她们在自己的水域下守护巨大的财富，她们总是乐于与有需要的高贵灵魂分享这些财富。尽管水中女神的生命比人类的生命要长得多，但是她们没有永生的灵魂，因此她们也会在死后彻底消失。摆脱这种悲惨命运的唯一方法就是嫁给一个男人，从此成为一个凡人。结婚之后，只要丈夫不背叛她，水中女神就会永远忠于她的丈夫。因此，她们象征着忠诚和友善的精神。

海 蛇

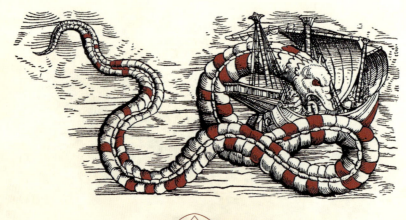

在所有文化中，即便从非常遥远的古时起，就有关于海蛇的传说。与神话传说中的爬行动物一样，海蛇与龙的差别非常细微，甚至完全不存在。当然，就像本书中的许多生灵一样，直到不久前，它们还被认为是真实存在的动物。

蛇通常象征着惩罚和邪恶。在那些讲述有关这些怪兽故事的水手们的嘴里，海蛇的象征意义并没有多少改变，因此海蛇总是一个贪婪的怪物，有时作为神的惩罚，它可能会被派去弄翻船只甚至侵扰沿海地区。从这个意义来说，海蛇或许也包括诸如利维坦或九头蛇之类的怪物。

在希腊人口中流传的众多可怕的海蛇当中，最著名的是刻托。这个词的意思是"大鱼"，尤其是"鲸鱼"（这也是"鲸目动物"一词的来历）。刻托被珀耳修斯所杀，并变成了南半球的一个星座：鲸鱼座。刻托象征着海洋中的危险、未知的恐怖和深海中的怪物。"刻托"最终成为表示任何一种海怪的一个词，即使到今天，它仍然具有这种含义。例如，特洛伊祭司拉奥孔和他的儿子们因为告诫同胞们：希腊人所送的木马是一个陷阱，从而受到惩罚被海蛇所吞噬。

另一条大蛇是耶梦加得，即"尘世巨蟒"。北欧神话中的众神之王奥丁害怕耶梦加得潜在的毁灭性，便将其扔入海中，而耶梦加得变得体型巨大，咬住自己的尾巴就可以环绕整个地球。这就是为什么它也被称为"世界之带"的原因。这条蛇注定要在世界末日时醒来，与诸神战斗并死于托尔之手。托尔击败耶梦加得后，也被其毒液所毒死。

象征意义

惩罚·贪婪·危险

海蛇汇聚了水手的一切恐惧，它们代表着未知的水域、海洋中的生命危险以及与未知者的相遇。对于生活在海边的人们来说，这些怪物就像暴风雨一样让人感到恐惧。海蛇是众神派来对人类施加惩罚的使者，因此有许多方法来安抚它们。出于这个原因，埃塞俄比亚的安德洛美达公主被作为祭品献给刻托，以满足它的贪婪之欲。传说和神话中的海蛇通常有多个脑袋，最常见的是有七个脑袋，以对应于一周的七日、七个天神或致命的七宗罪。

女海妖

女海妖有两种，一种是上半身为女人形，腰部以下是鸟形的女海妖；另一种则广为人知，是下半身有着鱼尾而不是腿的女人，也就是美人鱼。像龙和独角兽一样，女海妖也是一种世界上最普遍的神话传说怪物，每个地方传说的女海妖几乎都具有相同的特征。而且，与龙和独角兽一样，直到不久前，它们也被认为是真实存在的。女海妖被描述为美丽的女人，通常有着绿色的头发，并因美妙的歌声而闻名。有翅膀的女海妖不仅有这样的音乐天赋，而且住在海里或海边。然而，女海妖从天上的妖怪变成海里的妖怪，是神话中的一种非常有趣且不寻常的转变。

根据早期的神话，女海妖都是美丽的少女，作为珀耳塞福涅的玩伴，她们总是载歌载舞，让珀耳塞福涅开心快乐。当冥王哈迪斯掳走珀耳塞福涅之后，德墨忒尔把这些美丽的少女变成了这种半人半鸟的模样，并让她们在海面上不停地飞翔以寻找她的女儿——珀耳塞福涅。这也是对她们未能制止哈迪斯掳走珀耳塞福涅的一种惩罚。她们凭借自己有力的翅膀和敏锐的目光，飞遍世界进行搜寻。这些女人的歌声不仅曼妙动听，还蕴含着人类所不知道的智慧和秘密，因此，一个女海妖对奥德修斯说："我们知道发生在那片肥沃土地上的一切。"

女海妖象征着海上生活的所有危险，也象征着将她们变为天神的音乐的和谐之处。对于希腊人来说，音乐、数学和至高无上的知识之间的联系是普遍

存在的，而在之后的其他文明中也是如此。

　　作为旅途中生活的一种隐喻，女海妖代表了
激情和欲望背后的陷阱。女海妖这种不存在和虚
幻的半人半兽的混合物（无论是鸟还是
鱼），与潜意识里的疯狂创造有关。这
种潜意识里的疯狂创造会产生荒唐的事
情，也反映了人类最黑暗的欲望。那些跟随女
海妖歌声的人也会追随自己最疯狂的梦想，并最终
无可救药地迷失自己或陷入不幸。只有那些保
持理智的人，如将自己绑在桅杆上的奥德
修斯，才能躲过此劫。在这一点上，女
海妖和另一种半人半鸟的妖怪——哈
耳庇厄一样。哈耳庇厄也是不断播撒
混乱和破坏。尽管哈耳庇厄是可怕并
且缺乏智力的，但有些人从这些表象
中看到了双重性，即年轻而聪明的女人
是女海妖，丑陋而无知的女人则是哈耳庇
厄。无论如何，哪一种对人类都没有好处。

　　半人半鸟的女海妖后来从民间传说中消失了，只留下了众所周知的美人鱼。这种
变化第一次清晰地出现是在《怪物书》（公元8至9世纪）中，但据说在欧洲，首先引
起这种变化的是北欧民族，这种变化随着他们在整个大陆的扩张而传播。这种女海妖
在与北欧传统融合时就彻底消失了，但是在美人鱼身上保留了她的一些特征，比如善
于歌唱。另一方面，美人鱼也表现出了女性身体的性感和妩媚，被看作是对男人的一
种诱惑和危险。

　　美人鱼存在于世界各地的文化民俗中。第一个关于美人鱼的故事出现在亚述帝
国：因误杀了自己的情人而深感羞愧的女神阿塔伽提斯，变身为美人鱼，躲藏在海底

最深处。

　　亚洲国家也有关于美人鱼的故事。在这些故事中，通常都是一个贫穷的渔民用网捕获一个美人鱼，并最终把她释放。美人鱼会用宝藏、隐藏的知识或富足的生活来回报这些善行。

　　这些美人鱼的形象差异很大，在某些神话中，她们是长相正常的女性，只是有蹼足状的脚和手，或者满身鳞片。这些神话中的美人鱼象征着慷慨大度和同情心，或者是对过度贪婪渔民的警告，因为将生命放归大海的人总会得到回报。

　　在北欧神话中，还有塞尔克。她不是美人鱼，而是海豹人。但两者有共同点，例如，当她褪下海豹皮时，她是一个美丽的女人，能使男人坠入爱河；但是如果她

没有受到善待，她就会报复。塞尔克可以嫁给人类，不过如果她今后又找回自己皮肤的话，会立刻返回大海，甚至会抛弃自己的孩子，因为即使她被爱和幸福包围着，也仍然会永远想念大海。

象征意义

虚荣·疯狂·欲望

在中世纪及以后的传说中，女海妖总是带着象征虚荣的镜子和梳子出现，这也是提防女性美色诱惑的象征。女海妖警告人们不要冒色欲的危险，因为女人的妖艳会诱使男人犯下疯狂的错误或是落入死亡的陷阱。据说美人鱼在平静的海面上会感到悲伤，所以她们唱歌是为了掀起狂风暴雨。恶劣的天气会使她们感到幸福快乐。"听到女海妖的歌唱"是暴风雨、沉船和溺水的代名词。也有神话说女海妖的歌唱会使水手们沉睡，他们一旦睡着，女海妖就爬上船吃掉他们，或者使船搁浅在岩石暗礁上。

扎拉坦或乌龟

乌龟，因动作柔和、速度缓慢和寿命绵长而被认为是智慧和耐心的普遍象征。在许多文化当中，乌龟的外壳象征着天空，四条腿象征着四个支点。乌龟的身上承载着天地万物的力量。许多神话中的岛屿和山脉都在乌龟的外壳之上，因此它们代表着稳定、时间的漫长和创造的不变性。乌龟在宇宙中缓慢而平稳地移动。

乌龟也被用于占卜。大多数的乌龟壳都分为13个部分，与太阴历（即"月亮年"）年份的各个阶段相对应。但是，乌龟的所有象征主义并非都是积极的，在其他一些文化中，乌龟则代表着懒惰、冷漠与封闭，甚至是不忠。

在希腊拉丁文化中有关于阿斯匹多盖罗那的传说，它是一种看起来像小岛一样巨大的乌龟，它的外壳完全被泥土和植被覆盖。当阿斯匹多盖罗那睡觉时，很容易被当成一座小岛，但是当它醒来并开始移动时，小岛就完全消失了。这是对有关那些时有时无岛屿的神话的第一种解释。从这个意义上来讲，阿斯匹多盖罗那对于大胆踏上这所谓岛屿的水手们来说是有危险的，因为看起来像坚硬土地一样的龟背会毫无征兆地突然开始移动，并沉入海中，所以踏上龟背的人可能会被淹死。出于这个原因，探险者们通常会被警告不要在这些岛上生火，因为高温和浓烟可能会唤醒这只大龟并将探险者们置于危险之中。

在阿拉伯文化中，有一种名叫扎拉坦的大乌龟。《造物的奇迹》一书当中对扎拉坦进行了详细的描述。扎拉坦也是宇宙的一种象征，因为人们认为天空是半球形的，地面是四方形的，因此，乌龟外壳上方的圆形代表天空，下方的方形代表地面。在许多文化中都有这样一个共同的神话传说：乌龟背上永远驮着世界的重量。神话以这种方式把乌龟与仁慈和慷慨奉献结合在了一起。

象征意义

永恒·稳定·智慧

根据乌龟随身背着自己居住房屋的特点，基督徒用它来象征家庭、家庭保护和悉心照顾子女的贤妻良母。在日本，这种动物的象征意义则完全不同，乌龟不再代表巨大的荣誉和价值，而是流行文化中的一种受人鄙视的动物。四象之一便是"玄武神龟"，是家庭保护和长寿的标志。但是也有人认为，雌性乌龟不能与雄性乌龟交配，所以它们要与蛇交配。这使雄性乌龟很恼火，便在雌性乌龟周围小便以赶走蛇。因此，日本人把那些有婚外情的女人轻蔑地称为"乌龟"，乌龟不再是家中繁荣的象征了。

﹌ 空 气 ﹌

灵性·运动

　　空气象征性地与运动、生气和呼吸相关。它是将天与地隔离开来的屏障，它能让所有生物获得生命。此外，它代表了看不见的东西，也代表了在感觉和理解范围之外的东西。非理性的想法、天才以及疯狂都与这个元素有关。

　　它还象征着思想和创造力、想法、言语、智力驱动力，这些都是看不见的，却结出了实实在在的果实。尽管思想获得了足够多的力量并成为现实，但思想的诞生并不依靠物质。而另一些思想则停留在现实的边缘，漂浮在梦魇的迷雾笼罩中，如果它们最终化为现实，则将会以可怕的方式发生。

　　像在水中一样，在空气中既存在着崇高的事物又存在可怕的事物。和火一样，空气是活跃的元素，代表天地万物的阳性一面。它也是无形生命的象征，是一种流动和净化的元素，是天体和精神世界与陆地和物质世界之间的中介。作为一种重要的生命活动，空气被认为是代表普遍的呼吸作用或世界的灵魂。活着的一切都要呼吸。从这个意义上讲，它是宇宙和谐定律的完美例子。呼吸是世间生灵的基本食粮，断气则是生灵向世界的屈服。它也是一种变化的、模糊的、自由的和反复无常的元素，它几乎可以毫无征兆地变成混乱和破坏的载体。空气是灵魂的本质，是对颜色、形状和气味的感知。空气把思想从一个头脑带到另一个头脑，就像将灵魂从坟墓带到天堂一样。所有的

飞鸟都为它效劳，让它充满莺歌燕舞。对于通过鸟类飞行预知未来的罗马预言家来说，天空是命运、良好规划和人类变化结局的画布。在这里，众神将他们的信息传递给能够解释这些信息的人。天空中发生的一切：暴风雨、彩虹、移动的云……都可以被看作神圣信息的未知现象，因此包含了生活在天空之下的所有生物的希望和恐惧。

在许多文化中，空气的象征意义与天空的象征意义没有任何区别，因为人们认为这是同一元素。天空是无限而神圣的，因为没有生物可以够到它。在几乎所有的宗教中，天空都是神的家园。上天就意味着跨越死亡和终结，达到脱俗和永恒，而这种变化只有极端纯洁的灵魂才能实现。对于一些人来说，上到天堂、接触神性、像神仙一样飞行变成了一种危险的痴迷，会导致疯狂和对神圣法律的亵渎，并常常会因此受到可怕的惩罚。这就是著名的伊卡罗斯神话，他想到达天堂，却受到了死亡的惩罚。

对天空的崇拜和对空气的崇拜，解释了为什么最重要的神是象征天空的神：希腊神话的宙斯或罗马神话的朱庇特，是众神和凡人的父亲，是宇宙中最重要的神，人们常用鹰——最强有力的鸟和闪电来代表他们。尽管在古代，人们对于大气层对生命的重要性及形成大气层的气体知之甚少，但是当他们将与空气有关的众神放在万神殿的最高之处时，他们一定是有某种直觉的。其他与空气有关的神是代表风的神：北风神波瑞阿斯，代表冬天的凛冽寒风；西风神仄费罗斯，代表春天的微拂清风，等等。

另一方面，天空是世界的另一半，包裹着地球，代表着阳性事物和阴性事物的二元性，因此我们都是天与地的孩子。在天空中，众神留下月食之类的迹象以表达自己的意愿，他们的伟绩都写在星星之上。星座记录了神圣的壮举和参与其中的人们。我们可以遇到飞上天空为众神服务的飞马座（珀伽索斯），也可以遇到和丈夫英仙座（珀尔修斯）长相厮守的仙女座（安德洛美达）。地上发生的一切都写在天上。天体运动影响了地面，潮汐受到了月亮和星星的影响，而行星似乎统治着人类的命运。对天空（尤其是夜空）的研究总是使人类着迷，这正是因为它与来世和神灵的精神联系。

空气是看不见的，但它会在风暴中物化并具有可怕的破坏力。它是不断变化、不可预测的元素，它既能给予我们生命也会伤害我们。空气可以使心灵净化，因此在古代的典礼和仪式中使用香。但是空气也可能成为飓风，席卷其所遇到的一切。言语和音乐飘扬在空气中，因此空气是一个富有创造性的元素；但从来没有人说过，空气其实也是一个可以做白日梦和建造"空中城堡"的地方；空气中也是容易迷路的地方；在空气中，我们可以感受到春天的柔和芬芳，也可以感受到飓风的肆虐疯狂。像水一样，空气也有双重性。

因此，天空和空气会变成可怕的景象，因为神祇的愤怒会通过闪电从天而降，还会伴随着席卷一切的风暴。众神的火焰、灼热的气体甚至残酷的瘟疫也会从天而降。天空会变得黑暗，而在这种黑暗中，我们常常感到恐怖至极。同样，在天与地之间的区域中，存在着一个不纯洁的境界，被尘世和天堂所抛弃的生灵都寄居于此。这些非生非死的生灵，从一个地方游荡到另一个地方而无处安息。风给我们带来吸血鬼可怕的叫声以及女妖充满恶兆的哀号。我们会被在空气中飘荡的鹰身女妖哈耳庇厄们的诱人歌声所迷惑，但哈耳庇厄们穿越天空却是为了带来疾病和不幸。

天空可以是我们梦想的无限空间，也可以是所有梦魇的无边舞台。

翠 鸟

在北半球冬至前后七天的时间里，海洋是完全平静的，既没有暴风雨也没有强风。这些日子被叫作"翠鸟时光"，因为正是翠鸟筑巢的时候。这只鸟原本是灰色的，但基督徒相信在大洪水期间它飞得很高，因此上帝允许它穿上黎明的金色和天空的蓝色，这也解释了翠鸟羽毛色彩斑斓的原因。翠鸟是与天神的虔诚和忠诚相关的鸟，因此它通常出现在与婚礼有关的图案中以象征忠诚，或是作为寓言形象以代表耶稣基督及其对人类的热爱。

阿尔库俄涅是一种神话中的鸟，有人认为它就是翠鸟，也有人认为它是鹈鹕。它被描述为羽毛五彩斑斓的小鸟。阿尔库俄涅这个名字出自奥维德的《变形记》，在这首长诗中讲到了这样一个故事：有个年轻的女子叫阿尔库俄涅，她是风神埃俄罗斯之女。阿尔库俄涅与掌管黄昏时升起的金星之神赫斯珀洛斯的儿子刻宇克斯结为了夫妻。他们相亲相爱，生活幸福。但是有一天，刻宇克斯决定出海远行去聆听神谕，阿尔库俄涅恳求与他同行，但是刻宇克斯拒绝了。

不幸的是，因所乘坐的船只失事，刻宇克斯溺水而亡。这位年轻的妻子每天都去朱诺神庙向天后祈祷，以保佑自己的丈夫平安无事。朱诺认为必须让阿尔库俄涅知道真相，因此她让睡梦之神莫耳甫斯在梦中向她透露真相。得知丈夫已死的消息，阿尔库俄涅陷入绝望，从岩石跳入大海。众神被这场爱情悲剧所感动，将这对夫妇变成了翠鸟，以使他们再续前缘，比翼双飞。据说因为这种鸟儿在海边筑巢，所以风神为了怜悯女儿，在这十四天中让大海风平浪静。根据不同来源的说法，翠鸟的巢是由一种神秘的材料制成的。这种材料具有海绵的多孔性，同时又轻巧而坚固，可以漂浮在水上。

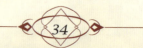

象征意义

虔诚·宁静·忠诚

对于水手来说，翠鸟象征着旅途平安和风平浪静，因此常用它的图案或羽毛作为护身符。它们的空巢可以保护船只，因此在船上带一个翠鸟的巢就可以确保免受狂风和暴雨的侵袭，因为船就像漂浮的鸟巢一样，不会沉没。在出海之前看到翠鸟被认为是吉兆，而杀死或伤害翠鸟的人则可能会招致大的灾祸，因此他会受到严厉的惩罚。翠鸟象征着忠诚，因为人们认为它们成对地生活在一起，当雄鸟老去或患病时，雌鸟会喂养它并把它背在背上，这样它们就可以继续一起飞翔。当翠鸟夫妇双方其中一方死去时，另一方也会在不久后因悲伤而死。

哈耳庇厄

很少有动物的象征意义能够比哈比更黑暗和更令人厌恶。她们出生时有着"令人羡慕的长发",是美丽的少女。她们由阿佛洛狄忒抚养,并受到赫拉和阿耳忒弥斯的教育。尽管这些女孩是无辜的,却因父亲潘达瑞俄斯所犯的罪行而受到惩罚。潘达瑞俄斯偷走了赫菲斯托斯为宙斯制造的金猎犬。潘达瑞俄斯因这次偷窃而遭到报复,被变成了石头,但这远不能平息宙斯的怒火,他将潘达瑞俄斯的女儿们都变成了可怕的怪物:有着人的脸、秃鹫的身体和熊的耳朵。最初有三个女儿:埃罗(暴雨),俄库珀忒(疾飞)和刻莱诺(黑风暴)。她们不仅偷窃人类的物品还折磨人类,并留下排泄物,使腐败和疾病蔓延。

哈耳庇厄的外表通常是有着女人的头和鸟的身体(至少一部分如此,因为也可能有女人的躯干),还有蛇或蝎子的尾巴。它们经常被描绘成有类似于猛禽甚至狮子的爪子。在中世纪的罗马式雕塑和建筑中,例如在柱顶,哈耳庇厄的图像是很常见的。

它们的名字来自希腊语"hárpyiai",这个词代表风暴女神。这个词的单数形式"hárpya",代表风之母,意为"使人神魂颠倒的"。这个词来自希伯来语"arbeh",意为"蝗虫",是因为这些风会带来虫灾。这可能解释了它们与4月、5月和6月的月亮有关,因为月亮将狂风带到了红海的海岸。这些风将大量贪婪吞噬庄稼的蝗虫和其他昆虫带到了岸上。埃及人也笃信这种观点,并将这几个

时间段的月亮描述成具有女性外表的怪鸟形象。他们认为这些鸟是具有狂风和暴雨破坏力的怪物，因为哈耳庇厄像狂风和暴雨一样是无法控制、不可预测和肆虐无比的。至于哈耳庇厄的数目到底是多少，各方说法不一。传统上认为是有三个，但是荷马又创造出了第四个——波达耳革（疾行）。波达耳革和西风神仄费罗斯结合之后，生下了特洛伊英雄阿喀琉斯的两匹坐骑：巴利奥斯和克桑托斯。这两匹神马不仅难以驾驭而且凶猛异常，疾驰时如雷雨般震耳欲聋，飞奔时似急风般狂飙突进，作战时像猛虎雄狮般锐不可当。哈耳庇厄们所生下的神仙坐骑不仅有巴利奥斯和克桑托斯，还有弗洛格斯和哈尔帕格斯。它们是宙斯和勒达的双生子——神仙卡斯托耳和波吕丢刻斯的坐骑。

　　哈耳庇厄与希腊的女海妖有些相似之处，都有鸟的身体和女性的面孔，但是女海妖面孔美丽，声音诱人，而哈耳庇厄没有一丁点儿让人喜欢的地方。它们外表凶恶丑陋，脸庞瘦削苍白，总是面有菜色。它们也经常被描绘成白发肮脏蓬乱、眼神飘忽不定和牙齿尽数脱落的老妇。哈耳庇厄存在的目的只是折磨人类，偷窃他们的食物或让他们的食物腐烂变质，以使人类因饥饿和疾病而死。哈耳庇厄总是因为沾满自己的粪便而散发出恶臭，它们还用尖厉的声音迷惑和驱使受害者发疯。哈耳庇厄的喊叫是恐怖的声音和最坏的恶兆。这些有着翅膀的害虫不仅到处搞破坏，还具有预言能力，但只是预言那些最不幸的事情。它们是谎言和诽谤的化身，它们的言语从不可信，因为其中总是藏有恶意或充满仇恨，并充斥着淫秽下流。

哈耳庇厄不过是宙斯的工具，被用来惩罚那些冒犯他的人。眼盲而拥有预言能力的色雷斯国王菲纽斯就是这些工具的受害者。菲纽斯运用自己的预言能力揭示了只有众神才知道的秘密。宙斯把他锁在位于荒岛的一座宫殿里。哈耳庇厄总是偷走他桌上摆放的美味佳肴，弄脏他家里的所有东西，把他的家变成一个令人作呕的地方。当阿尔戈英雄到达他的宫殿时，菲纽斯请求他们把自己从哈耳庇厄的折磨中解救出来。这些英雄便追捕哈耳庇厄，但是女神伊丽丝阻止了他们杀死哈耳庇厄，因为毕竟它们都是宙斯的仆人。哈耳庇厄最终得以苟活，但条件是它们不再折磨菲纽斯，而且自己也必须待在山洞里，不能再出来。

哈耳庇厄也是复仇三女神的信使和盟友，因此它们住在地狱里。它们的作用是专门折磨对自己的家庭犯下鲜血罪行的人。

象征意义

精神错乱 · 惩罚 · 不幸

哈耳庇厄反映了当时的人所认为女性可能具有的不良缺陷：叛逆、肮脏、携带疾病、言语粗鄙、撒谎成性、背信弃义和喜怒无常。那些不服从父母或丈夫的女人，将受到惩罚而变成这些凶恶的鸟；虐待孩子或杀害婴儿的妇女也可能遭受这种命运。有趣的是，只有不服从男人或与男人发生矛盾的女人才被视为"哈耳庇厄"。哈耳庇厄还被描述成灵魂的盗贼，将死者的灵魂从公墓中夺走，或者在地狱中对死者进行惩罚。因为哈耳庇厄住在地狱，并且拥有预言的力量，所以它们常与巫术，特别是召唤亡魂问卜的巫术联系在一起。它们和巫婆并排飞行的形象常出现在雕刻和绘画作品中。

百灵鸟

百灵鸟，又称"calandrius"，是一种长着浓密白色羽毛的鸟，全身没有任何斑点。在一些情况下，百灵鸟被描述成有角并且具有预言能力的鸟：把百灵鸟带到患病人的身边，它就可以知道病情发展如何。如果百灵鸟移开视线，则表明病人命不久矣；相反，如果百灵鸟目不转睛地盯着病人看，则预示病人即将大病痊愈。因此，百灵鸟的直觉成为可以治疗病人的最好医生，也使百灵鸟成了具有魔法的动物。

也有资料认为，百灵鸟可以直接看到人的内心。如果病人是正义的，那百灵鸟就会展翅飞走，将疾病带到太阳边燃烧消除，从而使心地善良的病人恢复健康，这也是对病人善行的奖励。但是，如果病人不是正直的人，那么百灵鸟就会把目光移开，不管他的死活。而且，据说百灵鸟的粪便可以治愈任何类型的疾病，而其发光的羽毛甚至可以使盲人重见光明。事实上，为了治疗白内障，百灵鸟的羽毛曾出现在中世纪的许多食谱上。

百灵鸟的治病能力反映了基督教的信仰。这种鸟是耶稣基督的化身，它将人的罪恶担在自己的身上，并用自己的死为人类赎罪。舍身救世只适用于那些没有罪的人。

百灵鸟是一种善良而富有同情心的鸟，它完美无瑕的羽毛反映出它灵魂的无罪。一些传统说法指出，在病人的房间里看到一只白鸟表明他的死期临近，但是如果病人刚刚死去时，有白鸟飞入，则是为了将死者引向天堂的大门。

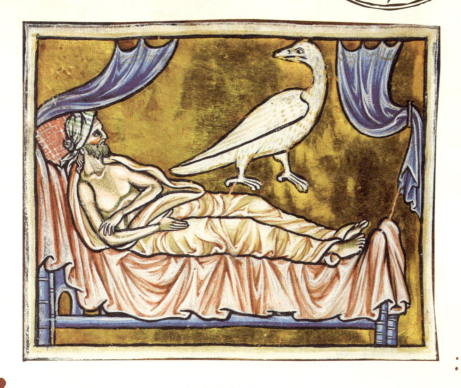

象征意义

同情 · 救赎 · 美德

百灵鸟常常会选择豁达大度和正义公道的国王所居住的宫殿筑巢，所以在像亚瑟王这样伟大而传奇君主的宫殿里有这样一种奇妙的鸟，就是清楚地表明他是一位公正无罪的君主。在中世纪爱情诗歌的意象当中，百灵鸟被认为是忠贞爱情的象征，是爱人的医治者。百灵鸟是愿望的对象，是心爱的人，具有所有的美德，是完美的化身。百灵鸟的歌声是爱的召唤，它的凝视能够安慰受苦者的心。如果它接受了陷入爱河者的关注，它将把他从爱情不顺利的痛苦中解救出来；而如果它拒绝了，它就会让陷入爱河者选择遗忘这段爱情。百灵鸟的歌声和夜莺的歌声一样甜美，主要在春天响起。

秃鹫

在不同信仰之中，秃鹫的象征意义完全不同：在某些文明中，秃鹫的象征意义是最不吉祥的，是死亡的真正代表，而在另一些文明当中，秃鹫则与母性形象和净化联系在一起。一方面，由于秃鹫巨大的翼展和其在地平线上连续而神秘的滑翔，古典文化将其视为天空的代表。正如我们将看到的，这种动物积极的象征意义很可能来自埃及文化。

古埃及人用秃鹫的符号书写"母亲"一词，即以声音MUT来表达。这种文化把秃鹫与大自然联系在一起，因为作为一个称职的食腐者，它吞噬尸体和腐烂的肉，极大地帮助了生命周期的更新。

另一方面，秃鹫也与女神奈斯有关。她是一位处女女神，却能自己生育；她也是智慧的代表。

奈斯女神还与丧葬有关，这位女神正是死者的保护神，她发明了织布技术并提供裹尸布来掩盖死者。她也负责供养灵魂，在那些灵魂离开人间并经历了长途跋涉之后，奈斯女神向他们提供面包和水。

由于秃鹫在保护自己幼鸟时凶猛无比，所以另一个与秃鹫有关的埃及女神就是女王们的守护者奈赫贝特。正是由于这个原因，秃鹫常常作为装饰品出现在王冠上。尽管有时以女人的形象甚至是母牛的形象出现，但埃及女神奈赫贝特大多

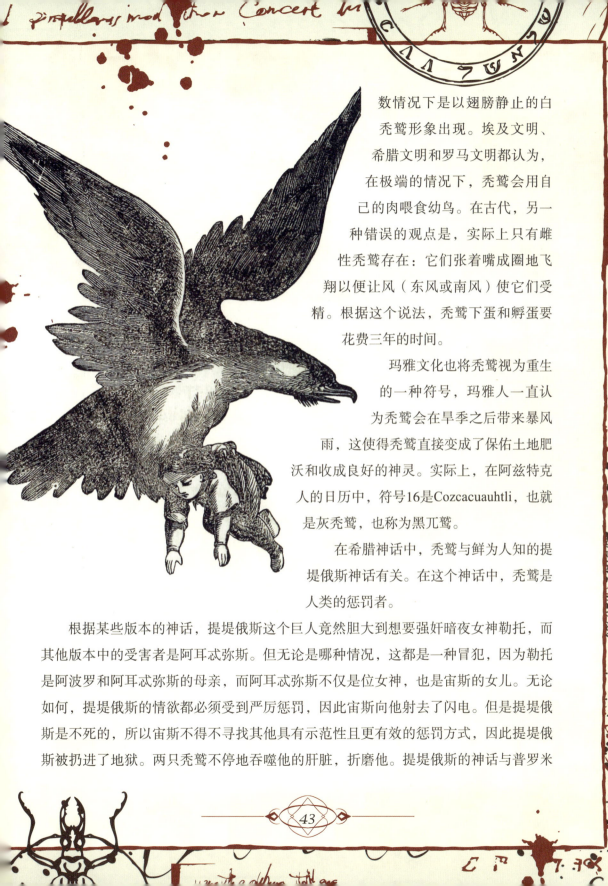

数情况下是以翅膀静止的白秃鹫形象出现。埃及文明、希腊文明和罗马文明都认为，在极端的情况下，秃鹫会用自己的肉喂食幼鸟。在古代，另一种错误的观点是，实际上只有雌性秃鹫存在：它们张着嘴成圈地飞翔以便让风（东风或南风）使它们受精。根据这个说法，秃鹫下蛋和孵蛋要花费三年的时间。

玛雅文化也将秃鹫视为重生的一种符号，玛雅人一直认为秃鹫会在旱季之后带来暴风雨，这使得秃鹫直接变成了保佑土地肥沃和收成良好的神灵。实际上，在阿兹特克人的日历中，符号16是Cozcacuauhtli，也就是灰秃鹫，也称为黑兀鹫。

在希腊神话中，秃鹫与鲜为人知的提堤俄斯神话有关。在这个神话中，秃鹫是人类的惩罚者。

根据某些版本的神话，提堤俄斯这个巨人竟然胆大到想要强奸暗夜女神勒托，而其他版本中的受害者是阿耳忒弥斯。但无论是哪种情况，这都是一种冒犯，因为勒托是阿波罗和阿耳忒弥斯的母亲，而阿耳忒弥斯不仅是位女神，也是宙斯的女儿。无论如何，提堤俄斯的情欲都必须受到严厉惩罚，因此宙斯向他射去了闪电。但是提堤俄斯是不死的，所以宙斯不得不寻找其他具有示范性且更有效的惩罚方式，因此提堤俄斯被扔进了地狱。两只秃鹫不停地吞噬他的肝脏，折磨他。提堤俄斯的神话与普罗米

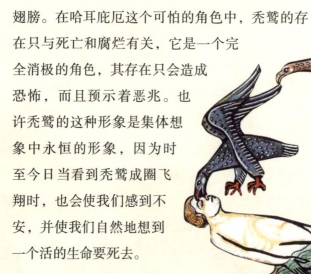

修斯的神话在主题上非常相似。普罗米修斯从天上盗取火种并交给了人类，因此受到了相似的永恒折磨。但是略有不同的是，吞噬普罗米修斯肝脏的是一只老鹰。他的肝脏一次又一次地重生，然后再被一次又一次地吞噬，这是一种永恒的折磨。回头再来看提提俄斯神话中秃鹫的象征意义，这种动物的意象发生了彻底的变化：从恩人和保护者变成了众神的仆人，为众神执行复仇和惩罚的阴暗行动。

此外，正如我们已经看到的那样，在希腊，秃鹫与另一个奇妙的妖怪有关：哈耳庇厄。尽管哈耳庇厄丑陋的外表是女人和贪婪的鸟的混合物，但是也有秃鹫的身体和翅膀。在哈耳庇厄这个可怕的角色中，秃鹫的存在只与死亡和腐烂有关，它是一个完全消极的角色，其存在只会造成恐怖，而且预示着恶兆。也许秃鹫的这种形象是集体想象中永恒的形象，因为时至今日当看到秃鹫成圈飞翔时，也会使我们感到不安，并使我们自然地想到一个活的生命要死去。

象征意义

死亡 · 净化 · 母性

禿鹫是一种具有双重象征意义的动物。对于罗马人来说，禿鹫是受战神玛尔斯所驱使的动物，因此常与战争和死亡联系在一起。禿鹫还是朱诺——朱庇特的妻子和母性之神的信使。罗马人总是认为禿鹫是玛尔斯和朱诺的传令官，因为它给人类带来不幸，它还预示着战争和婚姻。

作为吃尸体和腐肉的动物，禿鹫成了死物净化和生命重生的积极因素。它的出现也预示着富足，母亲们常以禿鹫的形象作为护身符。预言家过去常常通过解读禿鹫的飞行来判断未来，看到禿鹫常常被认为是吉兆，因为它是生命力量的再生者。在凯尔特人的传统和仪式当中，他们也将禿鹫作为精神象征：众所周知，这个民族将在战斗中牺牲战士的遗体置于高处，以使禿鹫啄食。如此这般，他们就会认为这些战士将到达天堂，与众神汇聚在一起。

斯芬克斯

斯芬克斯具有两种不同的象征意义。如果我们谈到埃及的斯芬克斯，它有狮子的身体和人的脸，总是代表法老。这是一个太阳的象征，代表着永恒和王权。斯芬克斯是守护性的生灵，它们的眼睛一直注视着地平线，观察着太阳日复一日升起的地方。

相反，希腊神话中的斯芬克斯则完全不同，有着女人的脸和胸、狮子的身体和鹰的翅膀。与埃及神话中的斯芬克斯守护永恒的宁静不同，希腊神话中的斯芬克斯坐在道路旁边，寻找过路人并将他们吃掉。随着时间的流逝，这两个形象在中世纪的想象中相互融合，并产生出一种具有这两种文化特征的斯芬克斯。

有着狮身的埃及斯芬克斯代表了坚韧刚毅。作为法老形象的代言人，它是正义的保护者、法律的守护者以及叛乱分子和侵略者的惩罚者。皇家权力最主要和最重要的职责永远是保护其领土和国民。像出色的狮子一样，他在战斗中是令敌人胆寒和不可战胜的。但是它还有另一个职能，就是守护那些被禁止踏入的门槛。人死了之后才可以跨过这些门槛。也就是说，它负责保护坟墓和木乃伊。它凝视着地平线，成为天道轮回、岁月流逝和繁星流动的永恒观赏者。斯芬克斯，如太阳和法老的力量般永生，这给了它一种沉静和可靠，并将其传递给了人类。

另一方面，希腊神话中的斯芬克斯是一种对人类肉体异常贪婪的生灵，它的眼睛像炭火一样明亮，脸色苍白得吓人，翅膀布满鲜血。与斯芬克斯最相关的希腊神话是有关俄狄浦斯的故事，它是唯一能够猜中斯芬克斯之谜的人，避免了被斯芬克斯吞噬的厄运，还让斯芬克斯因羞惭跳崖而死。

象征意义

谜题 · 永恒 · 智力

斯芬克斯是天上的生灵，却与代表着激发智慧力量的珀伽索斯完全不同，它的心怀不轨使它与大地紧密相连。它可以飞翔，但它的狂妄自大和不可控制的自尊心使它无法飞升到天上去。因此，当它被一个凡人击败时，就跳崖自杀了。如此羞惭，无法再苟活于世；如此骄傲，绝不允许低于它的生灵杀死自己。只有智慧的力量才能打败它。它是一个与无知为敌的生灵，但它不想消灭无知，而只是为了让别人钦佩自己。尽管拥有狮子的力量和飞行的能力，但是由于扭曲的智力而吞噬了许多的受害者。它代表了昏庸统治者的盲目骄傲以及暴虐和具有破坏性的虚荣心。

吸魂鬼

　　大部分关于吸魂鬼的故事都涉及一个年轻的女人——吸血女巫，她生下了可怕的吃人肉的孩子。在某些版本的故事中，这些孩子变成了吸魂鬼；而在另外一些版本的故事中，正是这些孩子变成了吸血女巫。为了报仇，她总是从摇篮中偷走孩子，并以他们的肉为食。吸魂鬼是一只邪恶的鸟，它的羽毛总是沾满鲜血。它也总是在夜里伴着哈耳庇厄一起飞行，并像哈耳庇厄一样有着预言的能力。

　　它的尖叫永远是战争或阋墙之争的预兆。孕妇要避免受到这些鸟类的伤害，因为与吸魂鬼对视会使她们的孩子胎死腹中。杀死吸魂鬼的人也会死于可怕的疾病。

　　吸魂鬼不吃不喝，倒挂在树上。它总是栖息于战场、墓地或任何发生过不幸或大屠杀的地方。罗马尼亚的吸魂鬼"strigoi"一词来自"striga"，意思是"尖叫"，因为在深夜听到它刺耳的尖叫，会打扰人类的睡眠，使人类深感不祥。吸魂鬼分为两类，第一类是巫师，它们并不是邪恶的，只是它们习惯于远离人类，生活在上帝周围的角落里。这类吸魂鬼有着浓密而无法隐藏的长尾巴。第二类是一些活死人，它们心思邪恶，还保持着活着时的面貌，在晚上进入活人的家里吸取他们的精血。而这些受害的活人会慢慢死去。这类吸魂鬼有能力变成昆虫、蝙蝠或雕鸮。它们是吸血鬼的原型。

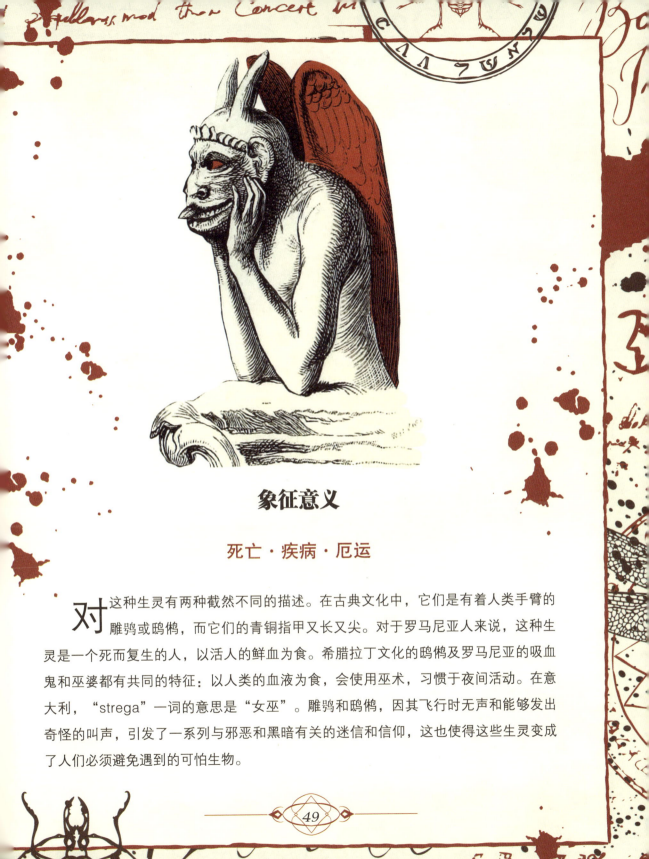

象征意义

死亡·疾病·厄运

对这种生灵有两种截然不同的描述。在古典文化中，它们是有着人类手臂的雕鸮或鸱鸺，而它们的青铜指甲又长又尖。对于罗马尼亚人来说，这种生灵是一个死而复生的人，以活人的鲜血为食。希腊拉丁文化的鸱鸺及罗马尼亚的吸血鬼和巫婆都有共同的特征：以人类的血液为食，会使用巫术，习惯于夜间活动。在意大利，"strega"一词的意思是"女巫"。雕鸮和鸱鸺，因其飞行时无声和能够发出奇怪的叫声，引发了一系列与邪恶和黑暗有关的迷信和信仰，这也使得这些生灵变成了人们必须避免遇到的可怕生物。

狮鹫兽

狮鹫兽是一种聪明的生物，全身充满贵族气质，常常与神仙或神仙的法力联系在一起。狮鹫兽长有鹰的前半身和狮子的后半身，它两耳直立，四腿长有结实的爪子，其中两条前腿似鹰腿，两条后腿像狮腿。

因为有着与称职看门人类似的特征，在庙宇和宫殿的大门上通常使用狮鹫兽的形象来震慑窃贼或凶犯。由于常常扮演财富守护者的角色，狮鹫兽的形象也总是出现在墓地，以保护埋葬死者时所放入的陪葬品。

根据传说，狮鹫兽生活在蕴藏着大量黄金的欧洲东部或北部偏远山脉。狮鹫兽小心看护着这些山脉，防备入侵者的骚扰。这不是因为这里有宝贵的黄金，而是因为这里是它们筑巢的地方。它们是属于太阳神阿波罗的神兽，阿波罗把它们当作坐骑。在奥林匹斯山，狮鹫兽的任务是守护众神的宝贝，比如狄奥尼索斯的酒器；它们还和巨龙一起看守众仙女院子里的金苹果。为了执行这些重要的任务，所以就创造了由百鸟中最高贵和最强大的鹰和百兽之王狮子所组成的这种神兽。因此，狮鹫兽也象征着军事力量和得胜的国王。

埃及人刻画法老坐在狮鹫兽上的形象，是为了战胜敌人。我们也能找到法老坐在宝座和战车上的形象。法老拥有与这种不可阻挡的神兽一样的力量和勇气。

关于狮鹫兽最神奇的传说之一就是它们与马的势不两立。

这不仅仅是因为狮鹫兽吃马，还因为狮鹫兽取代马成了伟大英雄的坐骑。中世纪的一个传说讲述，亚历山大大帝在完成对大地的征服伟业之后，决定征服天空。为此，他用两匹狮鹫兽来拉自己的战车。狮鹫兽把他带到了红海附近的一座高山上。在那里，他下令建造一种战船。亚历山大设计了一种让狮鹫兽带着战船上天的方法：他手持两根长木杆，木杆前端系着几块肉；狮鹫兽如果想要够到肉，就得向前飞。怀着见到上帝的想法，亚历山大大帝驾驶战船飞了七天七夜，直到一位天使警告他说：如果尚不能理解自身的尘世本性就去理解神性，那将是十分危险的。最后，亚历山大回到了地面，并放掉了自己的神兽坐骑。但

是，马是不会忘记这种耻辱的，根据中世纪的传说，狮鹫兽与马的矛盾就是因此结下的。然而，仇恨并没有说的那么强烈，有时，狮鹫兽还会与最漂亮的母马交配。这种姻缘所诞下的结晶被叫作鹰头马身有翼兽，是一种半马半鹰的怪兽。这种怪兽像它们的母亲一样风驰电掣，像它们的父亲一样异常凶猛。

　　随着基督教的兴起，狮鹫兽

开始代表耶稣的双重性：鹰代表耶稣的神性，狮子代表耶稣的人性，但是狮鹫兽并没有因此而丧失它守护者的角色。狮鹫兽出现在了圣巴西略和圣安布罗斯的动物寓言集当中，成为美德与力量的代表。在中世纪，狮鹫兽是一种非常珍贵的动物，因为人们相信它有非凡的特性。用它的肋骨制成的弓不仅坚不可摧且箭无虚发。人们到处寻找狮鹫兽的窝，因为人们相信它们的窝是用黄金建造的，它们的蛋是玛瑙或祖母绿的。它的鲜血有预言能力，如果一个人睡前用狮鹫兽的血擦拭太阳穴，那么在梦里他就可以洞察一切。此外，它的鲜血还可以治愈妇女的不育症，但是接受这种治疗的妇女总是会生下盲童。

狮鹫兽的蛋可以用来造杯子，因为它们能够检测出毒物。另外，亲吻狮鹫兽蛋的人无法说谎，这就是为什么国王用这些宝石制成戒指或项链的原因。他的臣民在宣誓效忠时，要亲吻这些宝石。

象征意义

力量·勇气·警惕

狮鹫兽代表了警惕性的勇敢，它们用这种勇气保护自己宝贵的巢穴。它象征着为获得珍贵的物质财富或精神财富必须克服的障碍。因此，它被用作护身符。狮鹫兽也是力量的象征。狮鹫兽的凶猛和高贵使强大的邪恶力量无法对其进行侵害，这就是狮鹫兽能与巨龙或蛇怪斗争的原因。这些爬行动物出于自私的目的而守护着宝藏，而狮鹫兽则保护着珍贵的东西——它的巢穴。换言之，狮鹫兽执行守护的任务是为了保护神仙的宝贝不落入贪婪者之手。因为英勇善战，狮鹫兽成了出色战士和无敌国王的象征。因此，它是出现在纹章上的伟大神兽之一。

蝙 蝠

　　由于蝙蝠生活在洞穴之中，而且总是在晚上出来活动，所以各种不同的文化都将其视为光明的敌人；同时，蝙蝠也是无数迷信行为的受害者，因为人们总是将蝙蝠与黑暗和冥界联系在一起。然而，并非所有对蝙蝠的解释都是负面的。尽管在欧洲，蝙蝠的名声极为不佳，人们认为它拥有邪恶的力量，是瘟疫的载体，与地狱联系密切；但是在中国，蝙蝠则象征着长寿和智慧。

　　蝙蝠是一种与智慧相关的仁慈生物。它是一种聪明而有洞察力的动物，可以不需要任何光亮的引导而在黑暗中移动。而蝙蝠睡觉时头朝下的做法更加佐证了这种观点。蝙蝠这种独特的睡觉姿势是因为它的大脑太重了，这也使得它无法沿着直线飞行。人们也认为蝙蝠是种长寿的动物，因为它们栖息在山洞里，而山洞是通往仙界的大门。

　　在欧洲，蝙蝠的形象更为负面。一方面，它代表了坚持逆向行事者的愚蠢：在深夜外出，头朝下睡觉，在屋顶上生活……这是一种任性而古怪的动物，与所有既定规则作对，因此它无法带来任何益处。这种半鼠半鸟的动物，象征着神秘、黑暗和冥界。蝙蝠与女巫和幽灵之王及道路之神——赫卡忒的关系，使得人们常常认为它们与巫术有关，如在很多可怕的仪式上，蝙蝠吸食血液，因为这会给予它们强大的力量。

尽管只有三种蝙蝠吸血，但人们总是将它们与吸血鬼和喝血的习惯联系在一起，这使人们对它们感到恐惧。但是，蝙蝠是唯一能够飞行的哺乳动物，而且会倒立分娩——这被认为是一种保护机制。根据普林尼的说法，蝙蝠的血液除了具有催情的功效外，还可以使盲人恢复光明。

象征意义

巫术·罪恶

基督教的象征主义认为蝙蝠拒绝光明与罪人拒绝耶稣的教导相类似。由于基督教，蝙蝠与黑暗和罪恶捆绑在了一起。由于它们生活在地狱的入口，所以恶魔经常被描绘成长着蝙蝠的翅膀。为了能够飞翔，女巫们常用蝙蝠的鲜血涂抹自己；此外，女巫们也常将蝙蝠用作信使。因为蝙蝠从不沿着直线飞行，所以它们也被用来代表任性、不合理和古怪的行为。因此，在戈雅的画作《理性沉睡，群魔四起》中，蝙蝠的出现代表了疯狂。

珀伽索斯

在许多文化中所出现的珀伽索斯是一匹长有双翼的马，颜色通常为白色。根据某些历史记录的说法，珀伽索斯是河流之子，其形象因水域不同而变化。甚至有说法断言它是海洋之神波塞冬的儿子；而其他说法则认为当女怪美杜莎被珀尔修斯割下头颅时，珀伽索斯出生于美杜莎的鲜血之中——我们之后将讲到这个神话传说。

无论如何，珀伽索斯是第一匹与众神同在的马，因为它是宙斯的坐骑。与独角兽一样，珀伽索斯是一种非常有名的神话动物，属于集体想象力的一部分，在许多小说和电影中都曾出现过。飞马的神话在许多文化中都存在，因此人们认为，飞马在赫梯人时代就已经为人所知，它是从小亚细亚来到希腊的。赫梯人认为，飞马代表风暴之神，后来又逐渐与宙斯关联起来，因为宙斯是携带闪电的天空之神。

对于不同的飞马，有许多具有不同象征意义的解释：柏勒洛丰骑在系有雅典娜所赠金色缰绳的珀伽索斯上的形象，清楚地暗示了人类智慧驯服灵感和不受限制的创造。相反，人类骑在马背上则给我们带来了半人马的形象，代表了原始的力量和动物的欲望。

而骑着飞马升到天上的人类形象则代表了想象力和智力的胜利。然而，在珀伽索斯的帮助下，柏勒洛丰从高处杀死怪物奇美拉，这反过来又代表了迷信和非理性观念。最终，这位英雄不能将飞马留在身边，因为它不是普通的坐骑，而是一种喜欢自由和不可驯服的生灵。在完成任务后，珀伽索斯返回了众神所在的奥林匹斯山。如果没有女神雅典娜所赠送的有魔法的缰绳，甚至柏勒洛丰也无法驯服它。也就是说，无论一个凡人是何等的英雄人物，如果他没有直接得到神的帮助，他就无法拥有这匹马。

实际上，珀伽索斯还向人们证明了一个道理——不能骄傲自大，这是希腊神话中反复出现的一个主题：当人类和英雄在犯下傲慢（这可以转化为骄傲、自大和试图超越众神所限定的极限）错误时所得到的教训。在这种情况下，当柏勒洛丰试图登上奥林匹斯山并列入仙班时，就又骑上了飞马，但是宙斯派出了一只看似微不足道的蚊子来咬珀伽索斯，使得飞马怒气冲冲，气喘吁吁，最终使柏勒洛丰失去平衡，落入空中。柏勒洛丰在下坠过程中幸存了下来，但永远变成了残疾，而珀伽索斯则返回了它应在的位置：飞上奥林匹斯山，并因成为一个星座而获得永生。这个星座位于仙女座的旁边，这又与另一个与珀伽索斯有关的希腊英雄的神话联系在了一起：珀尔修斯。让我们详细回

顾一下这个神话。

根据神话传说，珀尔修斯砍掉美杜莎的头颅之后，珀伽索斯和克律萨俄耳诞生了。也许它们都是从美杜莎的血滴中诞生的，它们是兄弟，而且都是海神波塞冬的孩子。波塞冬在雅典娜神庙中强奸了美杜莎。雅典娜非常古典而保守，她指责美杜莎亵渎神灵，并将她变成怪物以实施惩罚。斩首了美杜莎后，珀尔修斯遇到了安德洛美达。彼时，由于安德洛美达之母卡西欧佩娅夸口说自己的女儿比海中众女神更漂亮，而使安德洛美达受到了神的惩罚，被海怪刻托锁在一块岩石上。珀尔修斯解救了安德洛美达并与她结为夫妇。在婚礼上，爆发了一场战斗，为了战胜敌人，珀尔修斯不得不用美杜莎的头颅把对手都变成了石头。

珀伽索斯也是水的创造者。根据奥维德的说法，珀伽索斯用蹄子刨出了马泉河，这个词的意思是"马的泉水"；它还用蹄子踢出了赫利孔山，让这条山脉以不受控制的方式生长直至恢复到原来的形状。这泉水属于众缪斯女神——艺术的灵感之神，因此代表了艺术的创作。珀伽索斯是富裕生活和水再生的象征，也给自然带来了秩序，因为马代表了伴随秩序和文明而来的劳动力。当珀伽索斯在天空中时，它带着宙斯的闪电，因此象征着风暴。哈耳庇厄与毁灭性和不祥的暴风雨有关，而珀伽索斯则是生命雨水的赐予者，是众神的礼物。它也被用作生育的象征，因为所有被灌溉的土地最终都结出了果实。

象征意义

灵感·智力·水·生育力

珀伽索斯是太阳的双重象征。首先，它是一匹完美的马，充满力量；其次，它拥有翅膀，像太阳一样可以飞过天空。它的疾驰、在空中的掠过及其散发出的灿烂光芒使它成为智力和诗意灵感的象征。这是一匹无法驯服的骏马，只有极少数的人——艺术家和思想家知道如何驾驭它。在与水——生命之源联系在一起的时候，人们认为珀伽索斯是与生命和重生有关的创造力。在希腊语中，它的名字意为"水的源泉"。那是一个有翼的源泉。对珀伽索斯象征意义的解释就有双重性：生育力——升高，这与载着水的云有关。

Ad Solem Iustitiæ.

John Droeshout Sculp.

≋ 火 ≋

爱·净化·家园

关于火，几乎所有文化都达成了一个共识，那就是火有两种：来自太阳的天火及其光线，以及人类创造的地火。火与南方、温暖的半球、红色、激情（尤其是爱和愤怒）联系在一起，火存在于鲜活生灵的心脏和血液中。

对于完美的生活来说，情感是必不可少的；情感的缺乏会导致冷漠和绝望，但过量失控的情感则会导致严重伤害。作为生活的鼓舞者，火必须是可以受到控制的。火是家的主宰，它为制备食物提供帮助，也给予人类温暖和庇护。火是家园，是要回去的地方。各个家庭在火的周围生存，因为火能保护生命和激励爱情。

火是一种纯净和可再生的元素。铁匠的火和炼金的火一样，能够塑造和净化物质，也能创造物品。有了火，可以将看上去没有价值的物质混合在一起来创造新的材料和对象。人就是火，火在人的血管中燃烧，在人的心脏中居住。火与爱情有关，是因为它能给人以温暖，消除孤独的寒冷。分享和相爱产生喜悦。激情能够点燃身体，而性是相遇和交流。强烈的激情会摧毁人类，而失

控的火焰也会摧毁人类。

　　火也代表智力的光芒，尽管这种光芒会产生具有欺骗性和诱惑性的阴影。智力可以产生伟大的理想也可以滋生恐怖。

　　承载光明的路西法进入地狱，在那里点燃了审判的火焰。这燃烧而不毁灭的烈火不会停止破坏也不会停止制造痛苦。光、火光和太阳光之间存在相似之处，都可以引导人类，也会因为缺乏照明而出现欺骗性的阴影。在这种情况下，光象征着智慧的力量，而烟雾和阴影则代表无知和迷信的破坏性力量。

　　为人间赐福的诸神，用火来照亮、净化和惩罚无耻的人。地狱之火肆意横行、危害人间，而真正的神圣之光则隐藏在地下。火产生光，但也产生烟。它的双重性质代表了克制和控制的力量。太少的火不能完成工作，太多的火会造成混乱和破坏。尽管可以认为火是能燃烧、破坏和消耗的破坏性元素，但从它净化作用的角度来说，火会释放物质并使我们不需要的东西消失。死亡后，尸体被燃烧以释放灵魂，就像用火清理过的田野会再次萌发和生长新的农作物一样。这个想法就是砸烂旧的，才会有新的。让我们不要忘记，闪电和箭矢也和火一样，会摧毁它们所遇到的一切。

　　龙也会喷火：在某些文化中，龙是睿智的野兽，是皇家权力的象征；但是在欧洲，龙是恶魔的代表，它的喉咙守护着地狱的入口，而在它的五脏六腑之内，火则是毁灭和永恒的折磨。另一种与火有关的生灵——蛇怪，作为百兽之王，是"上帝的毒药"，会毁掉它所能触及的一切。在从基督教的火焰到北欧文化的"火之国"等许

多文化中，火都是地狱的重要代表。失去控制的火之国开启了"诸神的黄昏"，以便让所有的巨人逃脱，这造成了众神的毁灭。甚至是在玛雅人地下世界可怕的第六层也与火有关，在那儿只能找到余烬和永恒的火焰。

大自然所释放出来的火会毁灭它所接触到的一切，它是无法被阻挡的，所到之处只会留下破坏、荒凉和死亡。阻挡火前进的一切都会化为灰烬，这是彻底的和毁灭性的破坏。火是大灾难的直接工具。

任何其他的元素都不能像火一样完美地反映出人类与自然的关系，因为火本身有助于生存，带来知识的大火也可能是一切的衰落和终结。为了生存，人类必须知道我们可以利用这些元素并对其进行一定程度的控制，但是绝不能忘记我们并不拥有这些元素，也绝不能完全控制它们。

作为双重的、变革的元素，火与人类的联系最紧密。它是唯一"非自然"存在的元素，因为火必须被创造，而不是像水、土或风一样存在。此外，它是我们唯一采用作为工具的元素，而对于其他元素我们都是以被动的方式加以利用。我们不仅要掌握火，而且要学习生火和控制火……火是普罗米修斯不得不为我们偷来的元素，即使他为此而受到了严惩。普罗米修斯盗火是关于火的最著名的神话，但是还有许多其他与火相关联的传统，例如罗马女灶神守护的永恒之火、凯尔特人的火神布瑞吉特、印度教的阿耆尼或毛利文化中的神圣火山。火一直是人们关注的焦点，因为任何一种文化都无法离开火生存。

这种两面性是火的本质。这是一种我们可以创造的元素，但它也是一种可以轻松摆脱控制的工具。也就是说，它通过破坏保持平衡。

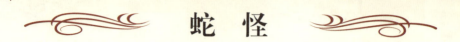

蛇 怪

蛇怪，也被称为"regulo"或"kinglet"，是一种体型较小的蛇，头顶鳞片状王冠，或头上有白色斑点。蛇怪毒性巨大，其所到之处百草枯萎、石头开裂，甚至人们只要闻到蛇怪的气味就会立刻死亡。由于蛇怪会吞噬其他的蛇类，所以其他蛇都避之不及。蛇怪的毒性如此之大，以至于用一个眼神就可以杀死其他动物。

蛇怪的名字来自希腊语"basileus"，字面意思是"国王"，因此蛇怪被认为是百蛇之王，它也许是所有蛇中最致命和最可怕的。作为一个出色的国王，人们认为蛇怪不在地面上爬行，也不扭动身体，而是半身挺立地沿直线行走，并投出挑衅性的目光。

蛇怪的破坏力非常巨大，它生活在自己创造的沙漠中，因为没有任何一个生命能够在它旁边繁衍生息。即使蛇怪死了，它的潜在破坏性也不会消失，因为如果有某种动物吃了它的尸体，马上就会死去。只有一种东西可以稍稍缓解这种可怕的破坏力，那就是它具有强大治愈能力的血液，因此，一滴蛇怪的血就足以治愈任何疾病或消除一切咒语。如果把它的血封装起来，那就是一种强大的保护符，所以有人制作了昂贵的珠宝，声称可以保存这种珍贵的血液。

人们还认为，如果铜与蛇怪血液混合，会转化成金，这使得蛇怪成了一种强大的炼金元素。

在中世纪，蛇怪的形象发生了变化，并融入了一些公鸡的特征，于是就产生了我们今天所知道的蛇怪形象。从那时起，蛇怪变成了一种有着公鸡的头和脚及蛇的身体的动物。希腊人认

为，蛇怪来自美杜莎的血液。美杜莎被珀尔修斯砍下头颅之后，这些毒蛇就从它的脖子上冒了出来。但是关于蛇怪起源的最流行和最普遍的看法还是来自中世纪。英国中世纪史学家比德的著作中说蛇怪是从与蛇或蟾蜍交配的公鸡卵中生出来的。从这种杂交而来的卵中，孵化出有剧毒的蛇怪。其他资料也提到，公鸡产下这种卵不是因为与任何动物交配，而是在死亡之前，公鸡会产下一个卵，在这种情况下，会出现蛇怪。为了使这个卵得到孵化，必须将其埋入地里由蟾蜍孵化，或埋入新鲜的牲畜粪便中。这样，蛇怪就诞生于反自然的行为或是出自腐烂之物，因此这永远不会预示任何好事。

因此，蛇怪就有了蛇和公鸡的双重性。公鸡是太阳的象征，因此是日出而作和日落而息的。它的歌唱宣告了太阳的重新升起，消除了夜晚的黑暗，因此是好消息的信使。另一方面，蛇是死亡和邪恶的载体，是一种潜伏在黑暗中的生物，与《圣经》前几篇当中的魔鬼直接相关。也就是说，太阳死去，恐怖就诞生了；公鸡死去，蛇怪就诞生了。

在美洲各国的传统文化中，也存在着蛇。例如，在阿根廷，蛇怪是一种单眼蠕虫，它用眼神杀死其他动物；在哥伦比亚，蛇怪是"魔鬼鸡"，这种动物的歌声是接近死亡的凶兆。

尽管消灭这种剧毒生物的方法很少，但是还是有几种方法。第一种方法是在公鸡卵破裂前将其摧毁，为此必须把它扔入火中。另一种是让雪鼬来对付它，因为雪鼬是世界上唯一可以杀死它并将其吃掉的动物。也许这部分神话来自猫鼬，它们以蛇为食物。一些版本的神话还断言说公鸡的鸣叫足以令它致命。对付它的最后一种方法

是用镜子，因为它破坏性的目光会杀死自己，就像美杜莎那样。

众所周知，在任何情况下都不能接触蛇怪，以间接的方式也不行。有传说讲，即使有些勇敢的人敢于用剑或长矛触碰它，也同样会被毒到，哪怕是没有看到蛇怪的眼睛也不行。不仅如此，从远处放箭也无法杀死它，因为箭矢在击中蛇怪之前就会在空中破碎，弓箭也会被这种致命动物的有毒粪便破坏。这种难以对付的敌人是完全不怕火的，并且由于有着和鱼一样的游泳技能，它也不可能被淹死，所以用水来消灭它的想法是行不通的。

作为总结，不得不提到，如果有人死于蛇怪的剧毒，之后会有一种仪式，因为迫切需要通过燃烧尸体并把其骨灰与盐混合的方式来阻止毒物的传播。上述混合物在任何情况下都不能被掩埋，而是要带到远方让其在风中飘散。此外，这项任务必须由牧师或某些道德特别高尚的人来执行。

象征意义

骄傲·毁灭·魔鬼

  蛇怪在纹章中被用作骄傲和君主权力的标志，因为蛇怪是百蛇之王，其他生物无法与之相比。它也代表了国王的权威和自豪感，国王有权力消灭那些对其进行挑战或冒犯他的人。在炼金术中，它代表着火的破坏性力量，能够熔化金属并使其转化。对于基督徒来说，蛇怪是魔鬼所使用的多种形式之一。蛇怪出生于腐烂之物，是对人类的屠杀和毁灭，而能消灭蛇怪的镜子是耶稣基督，他"从天堂降下，像镜子一样在宇宙中闪耀……然后下到冥府，魔鬼无法抗拒真正的太阳光芒，或者说无法抗拒神性，魔鬼只能被击败和被消灭"。

鸡蛇兽

　　鸡蛇兽有时被用作描述蛇怪的代名词，因为它也是一种有公鸡的翅膀、腿和头的蛇。有时，鸡蛇兽被描述为有牙齿和蛇尾巴的公鸡。区分蛇怪和鸡蛇兽的关键是前者没有翅膀。像它的表兄蛇怪一样，鸡蛇兽通过目光、触碰或只是通过呼吸就可以杀死人。

　　鸡蛇兽是从没有卵黄的公鸡蛋中生出来的，尽管它有翅膀，但它不能飞行。有时候，对鸡蛇兽外形的描述更像是有翅膀的龙，而不是蛇，由于这两种动物在古代的动物寓言集当中非常相似，所以对于鸡蛇兽概念的模棱两可也就不足为奇了。

　　历史上首次提到鸡蛇兽是在普林尼的《自然史》中，在这本书当中，它是以蛇怪的替代品或双胞胎的形式出现。实际上，尽管随着时间的流逝，鸡蛇兽和蛇怪在许多动物寓言集中逐渐融为一体，但是有充分的理由认为它们是两种不同的生物，例如翅膀的差别或者基于如下一个事实：鸡蛇兽可以将它看到的人变成石头。

　　在英格兰惠韦尔的小村庄里，有一个关于鸡蛇兽的传说。一只鸡蛇兽落到这个村庄，被捉住并锁在地牢中。政府当局提出要给能够杀死鸡蛇兽的人以土地奖励。许多人都想尝试，但都以失败告终，直到一个名叫格林的机灵农夫把一面镜子带到地牢。鸡蛇兽看到自己在镜子中的影像就死去了：被自己的目光杀死了。即使在今天，在英格兰仍然有大片土地被称为"格林的土地"，据称这是对格林使村庄摆脱了怪物的奖励。

象征意义

罪恶·死亡·不幸

鸡蛇兽与火有关，它的呼吸是火热的，但它更喜欢在黑暗中生活，因为阳光会杀死它。实际上，由于人类对其非常厌恶，所以认为公鸡的鸣叫就可能会杀死它。它与火和黑夜的关系使它成为恶魔。在中世纪，通常将恶魔表示为爬行动物和鸟类的混合体。为了避免遇到这种生物，那时会建议旅行者如果必须在夜间赶路，就不要远离道路。另一个建议是不要在十字路口停下来。这使得鸡蛇兽成为走错路或选择不幸决定所导致危险的隐喻。偏离道德轨道的人所面临的巨大危险，体现在这个小而致命的怪物身上。

龙

　　龙是最常被描述为邪恶化身的生物之一，也是最广为人知的生物，因为它在所有文化中都以这样或那样的形式出现。龙是独角兽的死对头，独角兽代表了光明、善良和纯洁的形象，而龙是邪恶、黑暗和贪婪的代表。龙是隐藏的财富和秘密的守护者。

　　想要获得龙所守护的财富和秘密的人，必须要通过相应的仪式和战胜这种怪兽。一条龙守卫着金羊毛，另一条守卫着赫斯珀里得斯的花园。在很多时候，龙是神的对手，是出现大灾难的标志：守卫太阳的塞斯神每天都在与想要吞噬太阳的奥西里斯作战，阿波罗在与巨蟒派森争斗，而雷神托尔注定要与巨蛇耶梦加得为敌……

　　"龙"一词来自希腊语"drakos"，意为"眼睛"，这个词显然为我们指明了其作为守望者的职业特征。因此，龙被描述为居住在装满宝藏的隐秘洞穴或岩洞中的一种独居生物。它们通常是具有智慧并十分聪明的，但同样也是残酷和邪恶的。龙有一个弱点就是好奇心特别重和喜欢猜谜，一些英雄常常利用这个弱点戏弄龙。除此之外，龙没有任何仁慈之处：其坚硬的鳞片会挡回箭矢，从其口中吐出的火焰也会让人立即毙命。

龙的外观被描述为一个巨大的爬行动物，有翅膀和四条腿（如果它们只有两条腿，那不是龙，而是飞龙）。龙也与蛇的外形相关，甚至在某种程度上，对基督徒来说，诱惑夏娃的蛇就是龙。对于基督教来说，龙是地狱的代表，它张开的大嘴是地狱的入口，吞噬和用火焚烧罪人。恶魔骑着龙飞过空中，或者变成龙，撒旦本身可能就是龙。《启示录》中有七个头十只角的怪兽也是一条龙。从这个角度来说，龙代表着宝藏守护者的罪恶、贪婪和引诱清白无辜者堕落的罪人。

当独角兽被少女所吸引并甜美地睡在她们的怀里时，龙破坏了这些姑娘的纯洁，并把她们当成其他宝藏一样囚禁在肮脏的洞穴中，或者干脆吞掉她们。龙是美德的破坏者，因此，只有那些没有罪恶并且正直无私的人才能击败它。缚住或杀死龙的圣者或圣徒的形象常见于基督教的肖像画中：这是上帝之光打败罪恶黑暗的胜利。名画《圣乔治与龙》就是这个场景的代表作之一。这幅画描绘的是这样一个传说：有一个被恶龙奴役的村庄，恶龙不允许村庄里的人从唯一可用的水源中取水。为了获得水，他们每天必须把恶龙从水源引开，但为了这样做，就得献上一名村民。当轮到美丽的公主去引开龙时，碰巧一位勇敢的骑士圣乔治路过这里，他设法击败了恶龙并解救了公主和她所在的村庄。这与其他童话故事中反复出现的情节大同小异，但教会把这个故事选为讲美德的例子。因此，龙象征着异教和恶魔的诱惑，而圣乔治则代表了上帝和教会的声音。无论如何，这个传说与珀尔修斯大战美杜莎的神话故事相似，甚至可以断定这是对同一个神话的改编。

对士兵来说，龙的力量和凶猛仍然是他们的理想品质。以罗马人为例，他们将龙用作步兵队的象征。这些爬行动物的血液可能具有剧毒，但是如果一位足够强大的战

士击败这种野兽并用其血液来沐浴，那么这位战士将变得无敌。

这个神话使龙变成了军事力量和无敌战士力量的象征。亚瑟王的父亲叫尤瑟·潘德拉贡，意为"龙的头"；许多国王都使用龙的徽记来象征他们的权力。龙还有其他为人所熟知的属性。与龙有关的主要内容是火，龙的鲜血也为人所熟知。龙血是强大的毒药也是灵丹妙药，它具有坚不可摧、看穿一切或长生不老之类的特性。它也可以用作护身符，因为人们普遍相信，红色宝石，尤其是石榴石，来自龙的鲜血或头部。把这些宝石放置在武器中，可以保证武器拥有者能够胜利并证明其是强大的战士。这些宝石通常指明了龙的唯一可以击败之处，因此其拥有者不仅强大，而且也很善于作战。

不仅独角兽是龙的敌人，另外一种动物也常被认为与龙互为敌手：大象。大象是唯一一种凭借自身巨大而击败龙并以其为食的动物。人们认为，大象的血液是冷的，而不是像龙的血液那样在血管中燃烧炙热。为了冷却这种巨大的热量，龙要喝大象的血，并用其涂抹自己。很多时候，龙在杀死大象时，反而会被大象巨大的尸体压死。大象是一种利用自身凶猛和智慧来自卫和保护家人的动物，相对于龙的贪婪、孤独和邪恶，大象是美德的象征。所以这再次印证了之前的说法：龙会与其无法战胜的高贵生物为敌。在这种情况下，被大象压死是贪婪和愚蠢所带来危险的比喻。

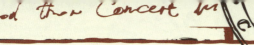

象征意义

邪恶·黑暗·权力

龙的象征意义是复杂的。在西方，龙被认为是一种恶魔般的野兽，栖息在大地深处，因此也是生活在地狱中。龙还是诸神和英雄必须击败的野兽，只有这样才能使世界摆脱邪恶。在这些神话中，龙的职能是双重的：一方面，它是一个贪婪而残酷的吞噬者，这就是为什么在有关月食的绘画和雕塑中，通常会有一条正在吞噬太阳的巨龙形象；但是另一方面，龙也是宝藏的守护者和保管者。在这些作品中，龙是一个充满邪恶的生物，其主要武器是破坏性的火焰。 在东方，则完全相反，龙是仁慈的生物，与海洋和河流联系在一起，代表着丰盈。龙也可以飞过天空带来有益的风雨。

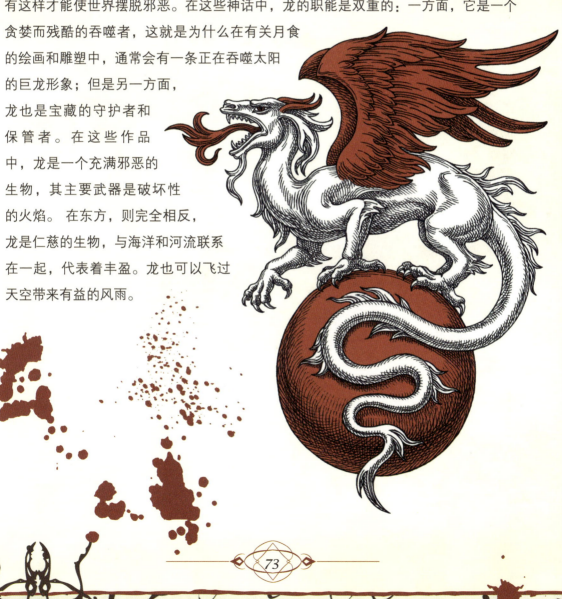

长生鸟

长生鸟被描述为一种有着红色的腿（或被金色鳞片覆盖）和金色闪亮羽毛的鸟。尽管其他资料用孔雀的颜色来描述长生鸟，但是无论怎样都会说长生鸟有着长满漂亮羽毛的冠。几乎所有的描述都确定说是羽毛的颜色使长生鸟在百鸟之中出类拔萃。长生鸟的眼睛像天空一样蓝，外表与老鹰非常相似，但是它的身躯像鸵鸟一样大。在中世纪的绘画中，长生鸟常被描绘成居于云端之上，与太阳并驾齐驱。

当然，据说同许多其他神话动物一样，长生鸟也有一些神奇的功能，比如得到长生鸟眼泪的人就相当于有了长生不老药，可以半仙附体，具有控制火的魔力。

目前我们已知最早的对于长生鸟的记录来自古埃及，其中提到了贝努鸟———一种诞生于赫里奥波里斯神庙圣火中的苍鹭。这种鸟不仅是生命的更新者，也是众神灵魂的守护者。在尼罗河的涨水期和枯水期，它都会出现。它的巢位于东部，正好是太阳每一天从地平线升起的地方。后来，希腊人以贝努鸟的神话为基础创造了长生鸟。长生鸟是在自己的巢穴中燃烧而死的，从长生鸟浴火的灰烬中诞生了一只新的鸟，这只鸟一出世便已长大，但是更强壮，更光芒四射。这只鸟代表着生命战胜死亡。

埃及人相信，凡人死去之后，灵魂脱离肉体，变成了一只飞向众神住所的长生鸟，但前提是必须要通过适当的葬礼仪式，就像长生鸟把自己的巢穴变成火堆并在此浴火重生一样。

关于这部分神话有多个版本。在一些版本的神话中提到，当这只鸟感到死期临近时，就会用有香味的药草，特别是香和没药来筑自己的巢，之后便用鸟喙敲打石头引燃自己的巢。然后，在巢穴的灰烬之中会出现一只有香味的小蠕虫，并会逐渐长成光芒四射的长生鸟。另一种说法是，这只鸟会下一颗蛋，蛋的外壳是由没药制成的，长生鸟会引火使蛋加热并生出一只新的长生鸟。在这两种说法当中，都使用了与死亡和神性密切相关的香料。香火是众神的食物，而没药用于将尸体送往坟墓之前对尸体进行涂抹。于是我们便有了一种尽管会死去却又能像日落日出一样再次重生的鸟。

随后会变成雏鸟的这种蠕虫暗示着腐败，也暗示着在死亡中需要抛弃一切转瞬即逝的物质，以便重生为一个新的、纯净的实体。为升入天堂，灵魂必须要抛弃凡人的躯壳，而只有火焰的力量才能使灵魂脱离躯体。因此，长生鸟包含了火的两个方面特征，一个是净化和重生，另一个是毁灭。

对于早期的基督徒来说，长生鸟代表了耶稣基督——既是凡人又有神性，试图救赎一切罪人。另外，因为只存在一只长生鸟而且只能通过无性繁殖，所以长生鸟没有罪恶和情

欲，它的出生是无沾成胎的。长生鸟不仅是救世主的代表，而且还是净化的寓言。炼狱之火能够净化罪人的肮脏，并使这些灵魂得以得救。由于所有这些原因，长生鸟成了基督教中广为流传的神鸟。人们还认为，长生鸟是唯一一种能够在天堂花园中抵御蛇的诱惑，没有品尝禁果的动物，因此，它能够获得不朽或永恒。

在其他文化中，我们还会发现有以同样方式与永生联系在一起的鸟，例如凤凰——一种雌雄同体的鸟，代表了中国的皇后，并常与南方、夏季和重生的火有关。据说这只鸟能够飞向太阳，任何的火焰都无法烧到它。即使在最黑暗的夜晚，凤凰那红色和金色的羽毛也会闪闪发光。在亚洲，龙与水和皇帝的身份息息相关，而凤凰与闪电有关。凤凰的主要职责是保护皇后，但它也居住在高山之上的天国里，并在那里看管智慧的桃子。凤凰的存在代表着帝国幸福而不朽的生命。

在俄罗斯，有火鸟的传说，它羽毛光亮，看起来就像是一团火。在俄罗斯的民间传说中，这只鸟会使捕获它的人受益，但最终又会给其带来麻烦和造成伤害。受这一传说的启发，斯特拉文斯基创作了他的著名芭蕾舞剧《火鸟》。

象征意义

出生·火·贞洁

太阳和长生鸟之间的相似性是十分明显的。它的生命和死亡周期代表着白天（生命）和夜晚（死亡）之间的继承。长生鸟，翅膀向天空举起，代表着胜利太阳的图像，也代表着从天空最高处凝视并洞察一切的正午太阳。 长生鸟用来筑巢的芳香草药也与太阳有关。 在夏季最热的日子里采集没药和香，然后晾干以去掉水分并进行保存。太阳会除去体内的水分，因为体内的水分是腐败的迹象。面对分解的恶臭和湿气，长生鸟就是光、太阳和永存的火，因此必须用不朽的香膏来涂抹自己的身体。

奇美拉

奇美拉的意思是"神话般的动物"。奇美拉最初是一只杂交的怪物。它是提丰和厄喀德那众多令人害怕的孩子中的一个。奇美拉游荡在小亚细亚的利西亚地区，不仅使那里的居民感到害怕，还常常吞噬他们的牲畜群。

在不同的传说当中，对奇美拉的描述是不一样的。有些传说认为奇美拉有着山羊的身躯、蛇或龙的尾巴、狮子的头。其他的传说则肯定地说它有三个头：一个是狮子的头，一个是长在腰上的公山羊头，最后一个是长在尾巴上的龙或蛇的头。但所有描述在下面一点上都是一致的：奇美拉的一个或多个头可以速度极快地喷出火。它的尾巴也可以散发致命的腐蚀性毒药。这些特性使得奇美拉变得不能被轻易打败。

奇美拉这个词还用于表达不切实际的幻想、无法实现的愿望以及虚假或错误的信念，这个词也用来定义集合了不同动物的各个部位而创造出来的怪物。奇美拉是不真实或不可能想法的普遍象征。

尽管在讲述有关珀伽索斯的内容时，我们已经提到过奇美拉，但还是有必要再一次提起英雄柏勒洛丰根据利西亚国王的命令杀死奇美拉的壮举。柏勒洛丰接受了一个占卜者让他要先驯服飞马珀伽索斯的建议，通过女神雅典娜给他的金色缰绳成功地骑上了飞马。当柏勒洛丰骑着坐骑与奇美拉对阵时，为了避免被奇美拉的火焰烧到，他用弓箭对付奇美拉，但是射出的箭都被这只怪物喷出的火烧毁了，因此柏勒洛丰改变了策略：在一根长矛尖上涂抹铅，并把长矛刺入奇美拉嘴里。金属在奇美拉的喉咙中融化和燃烧，使奇美拉很快死去。这就是古典神话向我们展示英雄形象的方式：英雄用自己的智慧战胜怪物的野蛮。

象征意义

非理性·邪恶

奇美拉代表了各种动物的消极方面：狮子象征着残酷；山羊象征着不受控制的欲望；蛇或龙象征着敌人。所有这些元素似乎也与破坏性的火有关系。这是一种非理性和原始的邪恶，是从无限想象力中产生的恐怖的表现。这是一种无法用蛮力战胜的恐怖，也是无法用普通武器对付的恐怖，因此需要狡猾的计划才能击败它。奇美拉给我们的警告是：不合理的想法隐藏着真正的危险，它们会让我们自我毁灭。在启蒙教育中，奇美拉的形象常用来宣传对群众进行教育的必要性。奇美拉所代表的无知，必须被理性的光芒击败。

蝾 螈

这种两栖动物在欧洲十分常见，它是众多以现实存在动物为基础而演化出神话动物的例子之一。这种动物所具有的各种神奇力量，使它成为中世纪动物寓言集的主角。这种神话或传说动物的特征又与其在现实中的特征完全不同。

这种长得像蜥蜴的两栖动物，通体黑色并带有黄色斑点，接近20厘米长。它的出现总是与火有关，甚至在纹章、盾牌和徽章中也是如此。它通常代表总是被火焰包围的半蜥蜴半龙的两栖动物。无人知晓现实中的蝾螈与火有什么联系，也许只是因为蝾螈白天喜欢躲在木柴堆里，而夜幕降临之时，人们将木柴取下放到火上时，蝾螈会逃走，所以就

给人留下了这样的印象：蝾螈是从火堆里跑出来的，因此它们就生活在火堆里。

希腊神话中，在有关盗火者普罗米修斯的神话中，会提到蝾螈。当普罗米修斯攀登到奥林匹斯山从众神手中盗走火时，他发现自己被困住了，此时，是蝾螈将他带到了外面的世界。

蝾螈被认为是一种具有两种自相矛盾力量的水螈。一方面，它能够生活在火中而不受到任何伤害。实际上，它以火焰和燃烧的煤为食。因此，它是火的生动表现。另一方面，有一种体型很小的黑色蜥蜴也叫蝾螈，由于其极度的寒

冷性，它可以扑灭任何类型的火灾，包括致命的火灾，这使其成为死亡的一个代表。

亚里士多德和后来的普林尼都认为蝾螈是一种只要在火上经过就能将火扑灭的动物。根据他们的说法，这是因为蝾螈是一种极其寒冷的生物，就像冰一样。据说蝾螈会吐出乳汁，这种乳汁剧毒无比，对人类来说是非常危险的。这其实是指蝾螈毒素——一种真实存在的蝾螈用以自卫的物质。这种物质虽然味道很不好，但肯定是不会致命的。

尽管如此，蝾螈还是得了个坏名声，甚至有人认为它可以使树木变干或使水井中毒。莱昂纳多·达·芬奇说蝾螈没有消化器官，并认为蝾螈可能仅以火为食。伟大思想家和古代贤人的所有这些看法，都使集体想象中的蝾螈与火元素高度相关。甚至有传说记载，亚历山大大帝的整个军队都因为喝了之前曾有蝾螈洗过澡的河水而垮掉了。也许所有这些神话都源于一个事实：欧洲蝾螈有毒并且会产生引起轻微刺激的神经毒素。

但是，在历史上的各个时期，都有用蝾螈的灰烬作为药品的

例子。蝾螈皮肤或由其制成的药膏也曾被作为烧伤药出售。此外，蝾螈还会产生一些茧，这些茧必须由出身高贵的妇女进行缫丝，由此制成的丝绸及织物不仅具有魔力而且阻燃，颇受人们的追捧和赞赏。一般通过扔入火中的方式，对这种织物进行清洁。在这些描述中，我们猜测，人们所指的可能是石棉这种材料。

蝾螈的另一个神奇之处是它的胆汁可以治愈麻风病，这使得蝾螈成为具有很高医疗价值的动物。甚至有人编写了蝾螈的繁殖手册，在手册中说蝾螈诞生于能够连续燃烧超过七天七夜的火中。在某些版本的传说中，甚至规定说诞生蝾螈之火的木材必须是爱神木，并且需要燃烧七年。也有人说，浸润过蝾螈的血液就可以避火。

除了不胜枚举的阻燃特性和治疗特性之外，生活在16世纪的瑞士医学家巴拉赛尔苏斯认为，蝾螈也有了解未来和过去的能力。蝾螈会说话，但很少与人类说话。它们在地下藏了很多宝藏，这些宝藏隐藏在火焰之中。蝾螈的孩子是火花。火花的出现预示着大火以及与大火有关的灾难，例如火山爆发。

象征意义

火·永生·治愈

对于基督教来说，蝾螈代表炼狱中的灵魂——尽管处于地狱的烈火之中，但并未燃烧。它也象征着那些耐心忍受最严酷惩罚而又不失去对上帝信仰的人。在被投入烈火之中时，蝾螈不仅没有死去，而且还获得了信仰和力量，因此也象征勇敢的精神。它们能够面对巨大的危险并存活下来，历经风险仍然保持着纯净，保留着荣光。对于炼金术士来说，蝾螈与凤凰一样，是火与复活的象征，因为人们相信它在与火焰接触后会复活。这是一种叫作"火中兽"（生活在火中）的物种，因此，人们会把自己制造的火炉以蝾螈命名，并且在很长一段时间里，蝾螈的形象被刻在烟囱的底部以保护房屋免遭火灾。

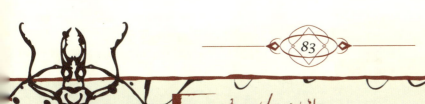

☰ 土 地 ☰

生育力·创造·保护

从象征意义的角度来说，土地与空中（或天空）是相对的，而且由于土地具有肥沃和永存的特性，它常常与女性联系在一起；相反，天空是一种多变的男性元素。大地支撑造物，而天空覆盖大地。所有的生物都诞生于大地。土地是柔软、坚固而永恒的，保护着自己所有的子女；当这些子女逝去后，土地又张开怀抱接收他们。土地存在于生命的开始和结束。土地是所有食物、矿物和金属的来源之处，也是生命的提供者和支持者；没有大地，万物皆不可能存在。

在土地与和女性化相关的事物之间存在象征性的关系。妇女和土地都与创造生命的可能性以及生育周期息息相关，而对于土地来说，这种生育周期是由播种和收获等农业劳动所代表的。因此，播种和性行为之间就有了相似之处，因为播种的垄沟和劳作的耕地经常被用来喻指性和受精，而收获常常被用来指生育阶段——分娩和母乳喂养。这样，土地就像母亲一样，喂养着他们的孩子。因此，土地是食物的创造者和所有生命的保护者。土地是万物的支持和慰藉。土地可以保护生命免受火或水的洪荒之力，并接纳和引导赋予生命的泉水。土地意味着与混乱完全相反的秩序，因此基点来自土地的中心并为人们指路，使他们不会迷路；相对于具有欺骗性和可变性的天空来说，这些土地的基点是不变的。

对于某些文化来说，土地也与月亮有关，

因为阴历周期与生育周期、永恒周期和永存周期相关，所以在许多文化（例如凯尔特文化）当中，人们常以土地之名起誓，以证明其言语的持久性和可靠性。当土地与其保护性的特征联系在一起时，它就变得神圣起来。

在许多文化中，都会把一些地方（例如高山或山谷）宣布为圣地，为促进对话和交流在圣地不得进行任何形式的暴力活动。这些圣地也可以是魔法和幽灵的圣地，只有了解这些领域内情的人才可以踏入。从巨石纪念碑（例如巨石阵）到凯尔特人的神圣森林和树木，再到据说住着众神的奥林匹斯山，再到德尔斐的神谕宣誓所，再到印加人的圣谷或西奈山，所有的文化和宗教都有具备一定精神价值的圣地。

土地不仅仅是最容易与生命相关联在一起的元素，在许多文化中，土地被视为一个真实存在的客体，这一点在许多宗教的信仰中有很多体现。土地的能量养活了那些知道如何利用它的人，而且人们也经常提到土地的静脉和血液。许多高深莫测的信仰认为土地是其力量的源头，他们从土地当中获取能量。

土地也是过渡之处。在土地之中建有死者的坟墓。土地接纳了尸体，回收了其中的物质，并再次将这些物质变为生命。因此，它产生了一个再生循环，接纳腐败和黑暗，以使生命恢复光明。适当的埋葬可以使死者的灵魂在与空气元素相接触时产生强大的共生关系。

同样，在许多文化中，土地是一种物理元素，它来自残骸——通常是原始神灵的身体、骨头或皮肤，这些残骸常常与被英雄所击败的混乱相关。这一点加强了土地与死亡的关系；土地就是生命，来自死亡，这一循环不会中断。

将土地与死亡联系在一起具有阴暗的一面。土地隐藏了在纯净的太阳光下不应该存在的东西。因此，所隐藏的一切都生活在黑暗的地下。洞穴及其通道接纳了不被容忍的一切、被禁止的礼仪和令人发指的罪行。同样，宝藏和财富也藏在地下。只有付出巨大努力并通过艰难考验的英雄才能获得这些财富。因此，有些洞穴和石窟被认为是地狱的大门或具有超自然力量的野兽的藏身之所，这些地方有时也被用于实施一些黑暗的仪式。

在某些文化中，土地的两个隐藏元素是相互关联的。基督教的地狱在地下，罪人在地狱的大火之中燃烧和受苦。因此，土地成了为地面提供平静和安全的一个元素；土地在生与死之间、在禁止与允许之间建立了界限。

这种对土地的积极看法在大多数文化中占据了主导地位。尽管土地最具有破坏性，也最能激起人们的敬意，但土地破坏性的一面并不经常出现，因为土地的破坏性从字面上仅仅是指地面在我们脚下晃动或开裂。在大多数末世神话（宣布世界末日的神话）中，土地是通过其他元素，尤其是水（例如大洪水之类的洪灾）或火来产生破坏性的。

土地元素的保护性并不意味着生活在土地上的所有生物都是友善和正面的。相反，我们能够遇到与土地有关的各种各样恐怖的野兽，其中许多野兽看起来像是噩梦般的存在，只有少数野兽是有益的。正是因为土地在丧葬方面的强大力量，所以利用黑暗或陡峭地形来执行邪恶思想的生物可以在森林和丛林中藏匿。

双头蛇

双头蛇一词来自拉丁语"amphisbaena"，字面意思是"朝两个方向前进"。这个词曾经被用来指一条外表令人深深不安的蛇：这条蛇在身体的每一端都有一个头，就好像自己没有起点或终点一样。这种神奇的动物也被称为"蚂蚁之母"，因为它主要以蚂蚁为食。但是，也有传说称，当恺撒大帝在利比亚沙漠征战时，双头蛇以战斗后留下的尸体为食。

据推测，双头蛇的神话起源是当珀尔修斯砍掉美杜莎的头颅时，一条从美杜莎的鲜血中诞生出来的蛇。它不是美杜莎的女儿，埃斯库罗斯解释说，当珀尔修斯骑着飞马珀伽索斯并带着美杜莎的头颅飞越沙漠时，美杜莎的鲜血溅到了一条蛇，使这条蛇变成了可怕的生物。

生活在6世纪的塞维利亚学者圣伊西多尔则说，双头蛇是唯一的温血蛇，因此它不惧怕暴露于寒冷之中。据说双头蛇的腿和翅膀上覆盖着非常珍贵的鳞片。这种鳞片可以制成最好的铠甲，能够以特殊的方式保护战士。在其他的图案中，双头蛇头上的角是弯曲的，而在中世纪的动物寓言集中，人们认为它有永久的力量或者至少很难被杀死，因为必须要同时消灭双头蛇的两个头。

但是，这种奇怪的爬行动物可能象征着善与恶的二元性，因此在一些双头蛇的图案中，它的一侧带有翅膀，象征善良，更接近天堂，具有上升的能力。在另一侧有带着爪子的脚，象征邪恶，更贴近地面，少有超凡脱俗之感。事实上，这种神话动物可能来自现实：有一

种蛇——盲蛇,这种蛇可以在地下挖掘长廊,而且视力完全萎缩。这种蛇狡猾地把自己的身体进化成难以区分头尾的样子,其头部和尾部非常相似,常常使捕食者感到困惑,而且由于这种爬行动物,可以向前或向后等任何方向掘进,因此使得捕食者更加困惑了。很明显,这种神奇的动物是神话的源头。

双头蛇的形象通常是一个头咬住另一个头的下巴,这是含尾蛇的经典形象——蛇或龙在无休止的圆圈中咬住其尾巴的形象。无休止的圆圈象征着一个永恒的循环:某些事物结束并无休止地再次开始。此外,其经常是指无用的努力的系统性重复,就像西西弗斯的神话一样——他不得不将一块巨石推上山顶,而由于那巨石太重了,每每未上山顶就又滚下山去,日复一日地重复这一件事。另一方面,衔住另一个头的头也是讨论的象征,当然也是歧义的象征,据说这是一种行走非常缓慢的动物,恰好是因为一个头想要朝一个方向走,另一个头则想要朝相反的方向走,阻碍了所有的同步运动。

双头蛇被认为是有着令人难以置信特性的爬

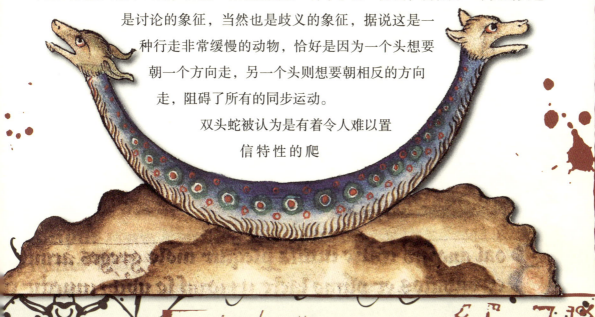

　　行动物，不仅因为其有着双头的独特性，而且还因为其具有完全再生的能力。如果将其切成两半，则两段身体可以重新结合在一起，否则，将出现一个新的头部，从而出现两个完整的成年双头蛇。它是一种能够以非常独特方式运动的动物，因为它能够咬住第二个头，与身体形成一个圆圈，从而能够高速滚动，就像轮子一样。形成圆圈是其能够快速移动的唯一方法，正如我们已经说过的，双头蛇通常行走非常缓慢。

　　尽管双头蛇的攻击速度非常快，其释放的毒液和呼出的气体都能够置人于死地，但由于其具有许多神奇用途和医学用途，所以一直是极受追捧的动物。尽管靠近活的双头蛇会导致立即流产，但是如果妇女将其戴在脖子上，则会安全地分娩。也就是说，死的双头蛇是具有保护性的，但活的双头蛇是具有危险性的，这就是为什么许多希腊和罗马妇女戴着双头蛇手镯以保护自己怀孕的原因，并且，双头蛇与传说中的爬行动物有关，它是一条藏身地下的蛇，与土地的子宫概念息息相关。

　　双头蛇的皮肤也能够有效治疗动脉炎、冰冻疮和感冒；它还可以防止极端寒冷；如果将双头蛇放入树干，樵夫可以轻松将树砍倒。当然，由于双头蛇较强的再生能力（我们不要忘记，如果将双头蛇分成两半，它会重新组合在一起或生成新的双头蛇），它能够治愈伤口。

象征意义

双重性·永恒·努力

双头蛇代表了双重性和矛盾性，因为一个头与另一个头所做的事完全相反。英国作家托马斯·布朗写道："一个（头）哭了，另一个笑了；一个沉默不语，另一个高谈阔论；一个醒着，另一个睡着。"活的双头蛇是危险的，对人类来说是致命的，但死了的双头蛇成了宝贵的护身符和治病的良药。活着时会造成死亡，死去后会保护生命。因此，双头蛇也象征着迅速改变主意的人们。双头蛇也代表了所有故事可以有多个版本的想法。双头蛇被砍断后的再生能力以及形成圆圈轮子的能力，使其象征事物的永恒循环或无用的努力，因为尽管有阻力，但循环会再次开始。

博纳肯

根据希腊相关资料的记载，博纳肯是一种生活在佩奥尼亚地区（在马其顿和保加利亚之间的地区）的生物。博纳肯有着牛的身体和马的鬃毛，全身长满红色的毛。博纳肯的长角非常有特点，就像公羊的角一样呈旋涡状向内弯曲，但是不能被用作进攻性的武器。

有些描述也说到，博纳肯的角是"笼罩"在头上的。博纳肯的性格恬淡平和，总是出现在一些幽默性的文章当中，因为它对付掠食者的主要方法是抬起尾巴并喷射出一股极具灼烧腐蚀作用的粪便，可以恐吓甚至伤害任何打算进攻它的动物。

博纳肯是一种人畜无害的大型动物，其形象的诞生也许是受到欧洲野牛的启发。博纳肯是一种温和的动物，从未对任何生物使用暴力。这种动物也极具同情心，从不伤害任何不想伤害它的人。除了人类以外，它没有任何天敌。博纳肯的肉看起来很好吃，可以满足贪吃者的想象；也有愚蠢的猎人想通过捕获这种巨大的野兽来获得名声。

但是这些毫无防备的猎人常常会因为受到博纳肯出其不意的粪便还击而大吃一惊。博纳肯能够将自己的粪便抛到600米外。博纳肯的粪便恶臭无比，一碰上就像被火烧到一样，因此可能会产生严重而令人尴尬的伤害。因此，人类的贪婪和愚蠢就会受到惩罚。这会给那些贪婪的猎人留下终身的痕迹，使得其所受到的嘲讽被公之于众。

像老普林尼这样的圣人在其著名的《自然史》中也提到了博纳肯的存在，使得人们在很长时间内，都相信这种神话动物是真实存在的，因为老普林尼被认为是古代的权威，就像亚里士多德一样。对来自受人尊敬思想家的错误观点的重复在科学史上一直存在。

象征意义

被动·力量

在中世纪的想象中，博纳肯所代表的寓意是显而易见的：我们不应该仅仅因为某种生物似乎没有防御能力，就攻击这种生物。胆小懦弱总是要付出代价的。生活不会轻易带来回报，但会惩罚鲁莽、愚蠢和贪婪的人。尽管有关博纳肯的故事都是幽默的，但其带来的教训是非常清晰明确的，一直出现在各种故事和动物寓言集中。在这些故事当中，出现的人通常是农民或战士，他们被博纳肯"袭击"或忍受其粪便的恶臭。博纳肯象征着善良而沉静的生物，不会对其他生物构成任何威胁，只会防卫那些对自己构成威胁的生物。这是一种被动性的力量，尽管具有造成重大伤害的力量，但更倾向于不使用这种力量。

半人马和半人牛

半人马是一种聪明的生物，有着人的头部、手臂和躯干，也有着马的身体和腿。而雌性半人马则在西班牙语中被称为肯塔洛里德斯，与"半人马"的词语拼写略有不同。半人马是特萨利国王伊克西翁与云雨仙女涅斐勒结合所产生的后代，是他们孕育出了肯塔洛斯——第一个半人马。

关于这个神话的一些解释表明，当希腊人首次看到锡西厄骑兵时，误把这些骑着马的士兵当成了一种动物，由此创造了半人马这种虚构的生物。

半人牛的起源与半人马相同，只是它们身体的动物部分不是马，而是牛。半人牛的传说不属于希腊神话，尽管它们的象征意义不大，但它们的起源令人困惑，因为其起源在很大程度上与半人马相同。

许多人都解释了人与因工作潜力而闻名的动物结合的原因，也就是说，动物的力量与人类的智慧结合在一起，会创造吸纳了人与动物最优之处的强大生命。但是，人与动物结合所产生的生物都是不受驯服的，身上没有一点文明的影子。它们和它们的配偶住在远离城市的草原和森林中，吃生肉，饮溪水。它们总是成群结队地游荡，因为它们是未经文明洗礼的原始暴民，它们只是苟活于当下，不会去建立、创造或遗赠任何东西。

雌性半人马是外表美丽而性格平和的。薄伽丘的长诗《菲洛斯特拉托》中有一段文字这样写道："虽然有着母马的身体，但是雌性半人马是多么的美丽；因为一些雌性半人马是来自白色的母马，另一些来自栗色的母马，还有一些雌性半人马的皮毛是有斑点的，但是所有的雌性半人马都像受到精心照顾的母马一样闪闪发光。也有白色的雌

性半人马来自黑色的母马，这种颜色的反差产生了更漂亮的雌性半人马。"

当半人马生活在文明之中时，就会产生种种不幸。当伊克西翁的儿子——国王庇里托俄斯邀请他的兄弟参加自己的婚礼时，这些不胜酒力的兄弟很快就喝醉了，并绑架了包括新娘在内的所有女宾。所有来宾进行追赶，最终战胜了半人马，这就是著名的"马人大战"。这场战斗成为文明与野蛮冲突的象征。最终，文明胜利了，半人马被击败了并被迫逃往他处。

半人马形象也出现在赫拉克勒斯的神话中：半人马涅索斯试图强奸赫拉克勒斯之妻得伊阿尼拉，却被赫拉克勒斯杀死，而赫拉克勒斯被半人马涅索斯的鲜血毒死。濒临死亡的半人马涅索斯制订了一个邪恶的计划：满身鲜血的涅索斯找到极易受骗的得伊阿尼拉，告诉她说，只要把自己的血洒一点儿在赫拉克勒斯身上，赫拉克勒斯就会永远只爱她一个人。得伊阿尼拉认为血液是一种强大的爱的过滤器，所以就保存了涅索斯的血液，但没有将此事告知自己的丈夫。当后来她满是疑虑和嫉妒之时，就将涅索斯的血液洒在了赫拉克勒斯的衣服上。这种毒血使赫拉克勒斯受到灼伤而死。当意识到自己所做之事带来的恶果时，得伊阿尼拉上吊自杀了，因此半人马的复仇最终得以完成。

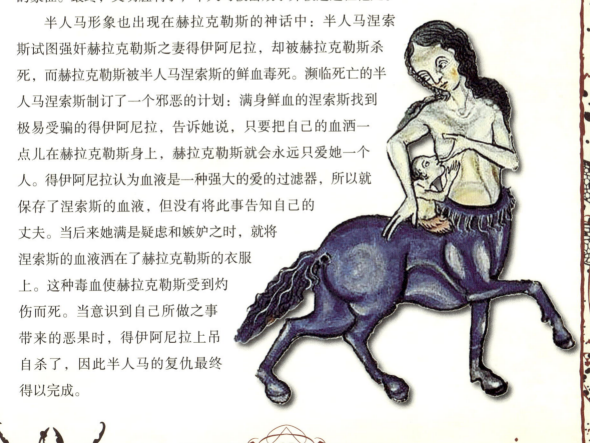

半人马无论走到哪里都制造混乱。它们淫荡好色，报复心强而且总是满嘴谎话。尽管这些恶行并非源于其邪恶本性，但是与其无法控制自己最基本的本能有关。

有关半人马的过往并不十分友好，它们似乎不是可靠的生物。这些半人马想要与人类文明共存，但是它们的低级本能使它们完全无法实现这一目标，而且由于这种弱点，它们的命运总是悲惨的。对于那些不了解"善良的野蛮"神话的古典文化来说，半人马代表了野蛮以及远离文明生活的危险。这种文明的原则始于人类自身的正义行为，人们具有控制自己欲望的能力并尊重某些社会规则。

这些生物当中有两个明显的例外，其中之一便是生活在皮立翁山的半人马贤者喀戎。它不仅是阿喀琉斯、伊阿宋和医神阿斯克勒庇俄斯的老师，也是音乐、狩猎、道德问题或医学等领域的杰出教育家，此外它还是希腊的医学之神。另一个是赫拉克勒斯的伙伴福罗斯。两者都象征着智力和祖传的知识。这两个半人马代表着与其他半人马截然不同的性格，所以有人说它们是神仙的儿子。实际上，喀戎是不死之身，这使得它在一次战斗中被赫拉克勒斯的毒箭意外误伤时，便永远处于濒临死亡的痛苦状态中。最后，它把自己的永生让给了普罗米修斯并请求朱庇特杀死自己以结束痛苦。朱庇特怜悯它，将它提升为手持弓箭的人马星座，升上了天空，以使人们永远铭记它的教育和善行。

象征意义

性欲·兽性·生育力

半人马代表着人类基本的双重性：物质与灵魂、本能与理性、文明与野蛮。这是必须保持平衡的两个部分。马代表着激情和本能的力量，公牛代表着生育力和蛮力。它们象征着不受控制的野性本能及其所有令人不快的后果。当人类失去平衡时，它们就会成为兽类。它们是无法融入文明的野蛮人的形象。与有性欲的半人马有关的一种解释是：在所有的基本本能中，性欲是唯一并非真正对生存至关重要的本能，这些生物无法控制它正是其性格弱点的表现。

地狱犬

　　地狱犬也被称为刻耳柏洛斯，在希腊语中意为"井中的恶魔"，是提丰和厄喀德那这两个怪物的儿子。地狱犬的使命是守卫冥府之门，它被拴在那里以看管地狱之门。根据最常见的描述，它是一只有着三个狗头和一条蛇尾的怪物狗，也有人（例如狄奥多西斯）将其描述为一只有五十个脑袋的狗。地狱犬有一个兄弟——俄耳托斯，是一只双头犬。

　　在地狱之门旁有一只地狱犬存在的说法来自印欧神话，而在其他的神话中也有类似的说法。在斯堪的纳维亚神话中，地狱犬叫作加姆，它住在冥界赫尔海姆，皮肤总是沾满鲜血。到达地狱的灵魂必须找到一条穿过冥界之门的道路，否则他们将不得不永远漫无目的地游荡。为了帮助他们完成这项任务，埋葬死者时常常陪葬一种名为"蜜饼"的用各种蜂蜜加糖制成的面粉蛋糕。人们相信，在凶猛的地狱犬吞噬蜜饼之时，人类的灵魂就可以趁机进入地狱。特洛伊英雄埃涅阿斯为了了解自己的命运而下冥界时，利用浸入催眠草的甜蜜蛋糕，成功地骗过地狱犬而进入了冥界。

　　赫拉克勒斯要完成的"十二项任务"中的最后一项便是从地狱犬的主人——冥王

哈迪斯手里把它带离冥界，带到亚各斯国王欧律斯透斯面前。哈迪斯答应了赫拉克勒斯带走地狱犬，但是有一个条件：不能让地狱犬受到伤害。就这样，地狱犬离开了冥界，踏上了地面。地狱犬来到地面之时，吐出了剧毒的唾液，于是地上长出了称为乌头草的剧毒白花。国王欧律斯透斯看到

地狱犬，感到非常恐惧，所以恳求赫拉克勒斯立即把它送回冥界。

另外一些战胜过地狱犬的神话人物包括伟大的诗人、歌手俄耳甫斯，他用美妙的音乐使地狱犬入睡，因而得以走出冥界；还有赫尔墨斯，曾用冥河的河水使地狱犬入睡。冥河属于哈迪斯，河水汹涌，能使喝过河水的人忘记一切。

象征意义

地狱·对死亡的恐惧

地狱犬，因其凶猛残忍和怪异外表而成为地狱的代名词。实际上，对于基督徒来说，它是地狱侯爵之———路西法大公的名字。在各种绘画中，常常会出现一只恶犬吞噬或折磨罪人灵魂的形象。国王欧律斯透斯看到地狱犬时的恐惧代表了对死亡和地狱的害怕。只有将恐惧从黑暗之中带出并暴露在阳光之下时，它才能被驱除。赫拉克勒斯并没有伤害地狱犬，只是驯服了它，并设法将它从冥界带到了阳间。这个形象象征着克服了人类恐惧的勇气。为了消除恐惧，有必要去面对造成恐惧的根源，将其从黑暗中拔除并暴露于理性的光芒之下。

猫

　　猫的象征意义在世界各国大相径庭。埃及人崇拜猫是因为它具有能够消灭虫害和鼠害的益处。猫吃昆虫，能够使谷仓保持清洁；猫捕捉老鼠，能使城市免受瘟疫的侵扰；猫捕食蛇，能保护房屋。作为一种十分有用的家畜，猫非常受欢迎。

　　女神巴斯泰托被描绘成有着猫头的女人，或者干脆被描绘成有着黑色毛发的猫。她是保护孕妇的有着魔法的美丽女神，因为她会使孕妇远离妖魔鬼怪。即使在最深的黑暗之中，她的眼睛也能反射太阳的力量和光芒。由于这种法力，她使人类免于永远沉浸在漫漫长夜之中，并保护人类免遭厄运的荼毒。埃及人用眉墨对眼睛进行化妆，就是为了模仿猫的眼睛。

　　另一个猫神是"最有力量"的母狮神塞赫美特，其形象为狮首妇女，头上饰有日轮。其猫科动物凶猛的一面，象征着战争、复仇和力量。为了安抚这个猫神的情绪，必须向她赠送葡萄酒和食物。作为回报，女神会向她的信徒提供治愈疾病的能力。另一方面，猫科动物在睡觉时蜷成一个球的习惯，象征着太阳和永恒（没有尽头的圆圈）。

　　对于希腊人和罗马人来说，猫没有什么象征意义。维京人认为，猫与女性、生育力和魔力有关。在北欧神话中，华纳神族的爱情与魔法女神芙蕾雅总是有猫环绕四周，她的战车就是由两只巨大的公猫拉着。芙蕾雅作为生育女神，其法力作用不仅限于人类的繁殖，还包括庄稼的收获。因此，据说为了得到女神的保佑，人们要在田地里给猫留下装着食物的盘子，以获得丰

收。由于猫皮具有强大的魔力，常常被巫婆用来制作自己的服装。

对于凯尔特人来说，猫是"另一个世界"——魔法世界和死者墓地的守护者，因此它们的眼睛会在黑暗中闪闪发光，能够看到人类看不见的东西。它们守护着死亡的秘密，但是只要通过适当的仪式，猫就可以把它们的知识分享给人类并赋予人类巨大的魔力。如果有猫死在屋子里，则是一个厄运的预兆，因为它暗示有人很快就会死去。

中国和日本也非常重视猫。在中国，猫神能够保佑五谷丰登；而在日本，有猫妖或"幽灵猫"，它们可以变换外形、喷出火焰甚至使死人复活。

在西方神话中，还有凯西猫或仙猫。它们体形硕大，几乎像狗一样大，除了在胸口有白色斑点外，全身黑色。这些神奇的猫可以讲话，还具有不可思议的魔力，它们总是利用自己的魔力变换外形来捉弄旅行者。当它们游览仙境时，知道了很多秘密，并且成了神话中宝藏的保管者，它们会用这些宝藏来诱惑贪婪的人类。苏格兰人认为，如果凯西猫跨过掩埋前的尸体，它们就会控制死者的灵魂。因此，人们会小心看管尸体，并用猫薄荷、食物、游戏和谜语来逗弄这些猫，以使它们忘记控制灵魂的任务。此外，还会演奏这些猫喜欢听并会随之跳舞的特殊音乐。非常重要的是，不要在停放尸体的房间里点火，因为凯西猫会被温暖所吸引，而且它们喜欢在火堆旁边睡觉。

这种关于猫对死者具有消极影响以及猫具有魔力的负面看法，随着基督教的传播而蔓延开来。尤其是在14世纪，在那时，人们认为猫是巫婆变幻而来。在不同的

地区，人们认为这些女巫可以七次变成猫或九次变成猫。在最后一次变成猫之后，巫婆就会永远以猫的形式存在，这就是人们认为猫有多条命的原因。

实际上，中世纪是一个黑暗的时期，在这个时期，人们受到的教育较少并陷入了宗教的狂热之中，他们发现了猫的某些特征，并得出结论说猫是邪恶的：它们专门在夜里活动，它们的瞳孔能够适应缺乏光的环境，它们习惯于独立和孤独的生活，或与古代异教神灵（例如埃及的异教神灵）相关。所有这些特征都被教会视为危险的缺陷，因此猫被妖魔化了。

尽管在中世纪，猫，特别是黑猫开始与厄运和邪恶联系在一起，但是如果猫的皮毛上有白色斑点，它就会被认为是上帝触摸过的动物，会带来好运，并因此创立了会给周围环境带来好运的象征体系。猫还与隐瞒、盗窃、懒惰和女性化相关。由于猫的性行为极其猛烈而且动静极大，因此猫被认为是一种眼睛露出地狱火焰的淫荡动物。在宗教法庭时代，除了蟾蜍和狼等通常代表邪恶的动物被烧死，还有一些猫也被判处死刑，因为它们被认为是变身的魔鬼一样。同样是在中世纪，在西班牙传统节日圣胡安节的魔法之夜，猫会被扔进篝火之中。在很长的一段时间内，人们都有对这种动物的迷信。

象征意义

魔术·力量·纯净

无论怎样，一直以来人们都将猫与魔法联系在一起。猫善于流浪并可以在几天之内消失不见，这使得人们认为猫有能力去不可到达的地方，例如魔法王国或冥界。在这些流浪旅途中，猫获得了大量的超自然知识。猫还与诸神有紧密的联系，并从诸神那里获得了力量。猫对疼痛的强大抵抗力和明显的抗衰老能力等特征，再加上其狩猎技巧和凶悍举止，使其成为力量的象征。最后，猫还是一种喜欢靠近热源并整天昏睡的家养动物，这就是猫也被用来代表懒惰和居家乐趣的原因。

戈尔贡

　　戈尔贡是三个面容丑陋的姐妹，她们长着带有野猪獠牙的大嘴、青铜的爪子、黄金的翅膀，她们的头顶长的不是头发而是毒蛇。她们的名字分别叫作美杜莎（女王）、斯特诺（力量之女）和欧律阿勒（飞翔之女）。她们三个人都有法力把看到她们的人立即变成石头。她们不仅是蛇的保护者，也常常与狮身人面像联系在一起。戈尔贡的希腊语单词"gorgo"或"gorgón"的本意是"可怕的"。

　　她们是怪物，同时也是保护神。在古典文化中，通常会在房屋的门、盾牌、铠甲甚至某些坟墓上装饰一个被称为"戈尔贡之首"的图案，在这个图案中，戈尔贡的头绕满毒蛇，十分突出，而叉形的舌头则可怕地在獠牙之间伸出来。也会有类似的小护身符被戴在脖子上。人们认为这些戈尔贡头过于恐怖，甚至可以用来驱除邪恶，因此它们是强大的保护者，能够抵御各种妖魔带来的危险或威胁，例如会伤人的妖眼。戈尔贡中最出名的是被珀尔修斯斩首的美杜莎。我们之前提到的一些神话曾讲过，飞马珀伽索斯以及无数的毒蛇，如蛇怪和双头蛇都诞生于美杜莎的鲜血之中。但是，只有来自美杜莎身体左侧的鲜血是致命的毒药，而从其身体右侧提取的鲜血则具有很强的治疗能力。雅典娜用一个小药瓶收集了这种有益的血液，并将其交给了医学之神阿斯克勒庇俄斯。由于有了它，医学之神获得了使死者复活的力量。

古希腊诗人赫西俄德在《神谱》中将来自海洋的神——福耳库斯和刻托列为戈尔贡的父母。她们的母亲刻托是个可怕的水怪，但她的孩子并不都是这样。例如，美杜莎最初是美丽的，后来才变成一个可怕的生物。与她其他的女儿一样，赫斯珀里得斯众仙女和美人鱼都非常美丽，但并不友善。

美杜莎（古希腊语为"Μέδουσα"，意为"保护者"）成为最著名的戈尔贡。罗马古典时期的"戈尔贡之首"的图案只是被珀尔修斯砍掉的美杜莎的头。在这个神话的第一个版本中，美杜莎只是一个戈尔贡，与她的姐妹们并没有什么不同，但是慢慢地，文学作品中不断地添加内容。随着时间的流逝，她成了令人恐惧的女王，并且成为三姐妹中唯一一个无法永生的戈尔贡。

诗歌中说美杜莎是雅典娜神庙的女祭司，"是一个有着美丽脸颊的人"。这个神话有两个版本。第一个版本说她非常美丽，海神波塞冬疯狂地爱上了她。但是，美杜莎拒绝了波塞冬，因为她想保持贞操，而愤怒的波塞冬在雅典娜的祭坛上将她强奸了。按照古代的逻辑，这种暴力行为的过错方在妇女，因此，应该对她的异端行为进行惩罚。而在第二个版本中，美杜莎受到惩罚不是因为她被波塞冬强奸，而是因为她比雅典娜还要美丽，她因为美丽而承受了如此多的恶果。然而，在这两种情况下，雅典娜为了惩罚她所遭受的侮辱，将美杜莎变成了一个可怕的怪物，并将她的头发变成了蛇。美杜莎是戈尔贡三姐妹当中唯一的凡人，所以塞浦路斯的波利得特克斯国王命令珀尔修斯取回她的脑袋。

珀尔修斯咨询了传说中的女巫——灰妇人，借助灰妇人的预言和揭露秘密的能力，以调查出在哪里可以找到戈尔贡。查出戈尔贡的下落之后，珀尔修斯得到了众神的使者赫尔墨斯和雅典娜的帮助。赫尔墨斯借给他一双使他可以像风一样敏捷飞天的鞋，还送给他戴上便可以隐身的帽子。而雅典娜送给他一把剑和一个用大镜子制成的盾牌。这两种武器都是由火神赫菲斯托斯锻造的。通过这种方式，珀尔修斯成功进入了斯特诺、欧律阿勒和美杜莎藏身的巢穴。蒙上了双眼的珀尔修斯，在雅典娜的帮助下，将美杜莎斩首，并骑上飞马成功地逃出，而两个幸存的戈尔贡还在叫嚣着要找他报仇。

　　美杜莎的头被交给了雅典娜，雅典娜将它放在了宙斯的盾牌上，而美杜莎的头的形象也会出现在雅典娜自己的胸甲之上。因此，雅典娜就有了能够击败怪物和一切非理性事物的能力。对于那些不尊重雅典娜的人，美杜莎的头也起到了警告的作用。

　　这个在奥维德的《变形记》中被记述的故事，在古典世界中广为流传，并且在艺术史上多次被展现。美杜莎是众神之怒的受害者，向世人展示了一些凡人受命运摆布的不幸未来。

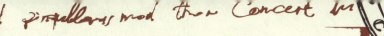

象征意义

恐怖·二重性

戈尔贡是恐怖之母。她们的外表是可怕的，看到她们会带来死亡。她们的头上长满毒蛇，并且舌头和牙看起来也像蛇一样。她们的血液会产生怪物，这些怪物也会杀死任何接触到它们的人。但是，她们的血液也同样具有治愈能力，飞马珀伽索斯就诞生于她们的血液之中，所以戈尔贡的本质是双重的。她们的邪恶一旦被摧毁，就会给人类带来巨大的利益。蛇是戈尔贡的象征，也具有这种双重特征，因为可以用它们的蛇毒制成药品和解毒剂。戈尔贡之首有辟邪作用，可以保护人们免受他们不了解或无法控制的邪恶的毒害，这是其他人无法克服的邪恶。因此，邪恶的人物可以由于其自身的力量而成为保护的来源。

鬣 狗

　　鬣狗是一种主要在夜间行动的食腐动物，在古代，人们常将其与路克罗塔（我们将在后面讲述）相混淆，这可能是因为它们似乎具有某些相同的特征，比如毛皮和下颚的强度。一些著作认为只有雄性鬣狗存在，但后来人们普遍认为所有鬣狗都是雌雄同体的动物。这种谬论使得鬣狗被认为是一种双性的动物，在这种动物身上人们不要指望看到任何好事。

　　在自然界中，鬣狗像所有的食腐动物一样，嗅觉高度发达，视觉异常敏锐。因此，在非洲，鬣狗被认为是具有占卜能力的动物，可以发觉任何隐藏的东西。鬣狗的这种特征加之能够嚼碎最坚硬骨头的下颚，使其成为追求真理和智慧的象征。但是，当其以尸体为食和像机会主义者一样觅食时，它的这种智慧不过仅限于利用地形和附属物罢了。它的才智只是一种比喻，它并没有卓越的知识，因此当它残酷无礼地大笑时，那只是愚蠢而卑鄙的笑。鬣狗躲在远离真实知识之光的阴影中，当面对真理时，它只不过是胆小鬼。

　　对埃及人来说，鬣狗是一种与秃鹫完全相反的动物。秃鹫习惯于在白天活动，代

表着死亡和复活。秃鹫和鬣狗都是食腐动物，但是秃鹫的飞行能力将它与神性和永恒联系在一起，而鬣狗则是尘世间的凡夫俗子。狮子是鬣狗的强大对手。作为百兽之王，狮子代表着勇气和凶猛，人们认为狮子在白天独自狩猎，而鬣狗则在夜间结伙狩猎。

　　在某些非洲文化中，人们会谈论鬣狗人，就像西方的狼人一样。

象征意义

无知·胆怯·腐败

狗在罗马式艺术中的象征意义与吞噬人类的邪恶和肮脏动物有关。鬣狗代表撒旦的形象，因为它嘲弄神的秩序，改变皮毛，甚至改变性别。其雌雄同体的特征违反了上帝的律法，同样，其吃尸体的特征使其变成了食腐野兽。鬣狗的笑声被认为是残酷而愚蠢的声音，当它们嘲笑或贬低它们不了解的事物时就会发出这种粗鲁的笑声。这也是那些嘲笑在十字架上的耶稣的笑声，因为它们成群大笑，当它们面对力量没有它们大的动物时，它们会表现得很勇敢。

对于罗马人来说，鬣狗的皮肤是一种强大的魔法护身符。如果旅行者想避免受到狼的袭击，则必须穿以这种材料制成的披风。

拉弥亚

拉弥亚原来是埃及国王柏罗斯的女儿，美丽至极，这使宙斯注意到了她。作为礼物，宙斯赐予拉弥亚能在需要时取下自己眼睛并放回原处的能力。这也是宙斯给她的另一种礼物的象征：千里眼。

宙斯和拉弥亚育有四个孩子，但嫉妒的女神赫拉杀死了其中三个，并将第四个孩子变成了一个可怕的怪兽。丧子之痛使拉弥亚最终化身为一个可怕的怪物，终身以复仇为己任，要将自己所承受的痛苦施加到别的母亲身上，因此，她从摇篮中偷走孩子，并吞噬他们。其他版本的故事则说，宙斯赠予拉弥亚取下双眼的能力是为其减轻悲伤的一种方法，因为她对自己死去的孩子念念不忘。由于拉弥亚无法合上眼睛，因此作为神仙，这是她能够得到休息的唯一方法。

随着时间的流逝，拉弥亚逐渐变成了希腊罗马文化中用来吓唬不听话孩子的怪物。从词源上讲，其名字的含义非常混乱，可能与形容词"lamyrós"（贪吃的）或名词"laimós"（喉咙，下巴）有关。有人认为它与拉丁语词汇"狐猴"同源，狐猴是一种骚扰人们的邪恶幽灵。拉弥亚是具有美丽外表和甜美声音的妇女，经常与其他恶魔，例如女妖摩耳摩或女恶魔恩浦萨相混淆，也有人将其与赫卡忒女神以及与巫术联系在一起。

因此，拉弥亚变成了一种邪恶和贪婪的怪物。其与赫卡忒的关系也使她的形象与蛇的形象相融合，因为蛇是赫卡忒女神的专属动物。这就是为什么19世纪的某些拉弥亚形象是拥有蛇形尾巴而不是腿的美丽女人。

象征意义

巫术·杀婴·吸血鬼

人们认为，从拉弥亚的乳房中流出的牛奶是有毒的，因此拉弥亚不仅代表邪恶的母亲，而且代表世俗生活中邪恶地杀死自己孩子的人。拉弥亚是婴儿或年幼儿童突然死亡的原因，同样也是他们失踪的罪魁祸首。由于拉弥亚以血液和肉类为食，并且只在夜间出没，因此在中世纪，人们将拉弥亚与吸血鬼联系在一起。拉弥亚生活在遍布蛇巢的幽深洞穴和水井中。拉弥亚具有强大的预言能力，如果献上适当的祭品，就可以向她们征求意见，但是这些祭品通常是可怕的。"拉弥亚"一词就这样成了女巫和邪恶女人的代名词。

路克罗塔

路克罗塔来自埃塞俄比亚，在古代有几个名字：crocota，corocota，crocuta 和其他一些命名一个（或多个）这种生物的名字，尽管这些名字对路克塔罗的描述不同，但具有一系列共同的特征，例如其强大的力量和模仿人类声音的能力。

路克罗塔是雄性鬣狗和雌性狮子结合的产物，具有其他动物无法超越的力量和速度。鉴于路克罗塔与鬣狗的关系，人们将斑点鬣狗的学名称为 crocuta，这也是路克罗塔众多名称当中的一个。

在人们对路克罗塔的描绘中，它通常是睁着眼睛或者没有眼睑，因为它不能闭上眼睛或者转头，以免脱离它自身残忍属性的视线。根据最常见的描述，路克罗塔跟驴一样大，有着狮子的脖子和身体，而它身体的后部像鹿一样。据说，它的头部非常惹人注意，因为它的嘴大得不成比例，能从一只耳朵延伸到另一只耳朵。它的嘴里也没有牙齿，只有一根从牙龈伸出来的骨头。这根骨头异常坚硬，还可以伸缩。它非常强大，可以破坏一切，没有任何东西可以抵御路克罗塔的力量和凶猛，人们有时也将其描述为有角，但是这种描述并不常见。

希腊人会谈到两种不同但具有相似特征的动物。最早的文本当中，提到的"crocota"是一种可能受到鬣狗启发而虚构出的狼犬，而路克罗塔则与我们上文提到的特征相同。后来，在中世纪，这两种生物被合二为一了。路克罗塔常常躲在灌木丛中，就在伐木工人、猎人和旅行者的周围，它会耐心地监视他

们，以查明他们的名字。一旦知道了他们叫什么，它就利用自己能够模仿人类语言的能力，吸引猎物，让这些人脱离队伍，当他们处于困惑和无助的状态时，路克罗塔便会无情地攻击他们。路克罗塔常从人的背后发动攻击，也有人说它会挖出死者的尸体。

象征意义

巫术·杀婴·吸血鬼

路克罗塔通常被当作世事危险和邪恶狡猾的象征，因为它会使用手段来诱捕猎物。路克罗塔作为一种隐喻进入人们的想象，象征着我们生命当中无法避免的残酷，以及我们面对原始邪恶时的无能为力。这是一种力量和速度无与伦比的动物，它会利用狡猾和欺诈捕获受害者。它是最残酷野蛮行为的表现，从不怜悯任何人，也从不思悔改。它实施罪恶行径时，没有一丝懊悔，更不会有一丝同情。

蝎尾狮

在我们的想象中，很少有动物能像蝎尾狮一样更能代表绝对的邪恶。蝎尾狮与龙和蛇怪一起，代表了我们在自然界中所不愿意遇到的一切。蝎尾狮代表了一种破坏性力量，对于这种力量，人类没有任何防御力，只能避免遇见它。

希腊人称它为蝎尾狮，字面意思是"食人者"。希腊人认为，就像一切险恶和野蛮的事物一样，蝎尾狮来自波斯。它与斯芬克斯有一些共同之处，却没有斯芬克斯的高智商和语言能力。蝎尾狮是一种长着人头的怪物，留着非常浓密的胡子和鬃毛，头上有角，嘴巴极大，嘴里有几排锋利的牙齿。它还有着狮子的躯干，浑身长满红色的毛；而它所拥有的蝎子尾巴，能够射出毒刺，使猎物失去活动能力或直接被杀死。在某些描述中，它也会有类似于蝙蝠翅膀的巨大两翼。

蝎尾狮是一种非常厉害的野兽，狩猎之时，根本不需要尾随猎物，也不需要隐藏，更不需要使用任何技巧。除了狮子之外，没有任何动物能够与之抗衡。

蝎尾狮会用蛮力和毒刺杀死猎物。更重要的是，杀死猎物会使它感到兴奋，因此它总是猎杀比自己食量所需数量更多的猎物，而且当它吃东西时，会整个吞噬猎物，甚至包括皮肤和骨头。它最喜欢的猎物是人类，它一次会捕食三个人。

当蝎尾狮射出的毒刺掉落时，会长出新的蝎尾狮。当毒刺一掉入地下，便会出现一只新的蝎尾狮，但此时，小蝎尾狮的尾巴还没有能够致人死亡的毒性。因此，必须在蝎尾狮幼年时就杀死它们，以避免它们繁衍生息，还要用石头砸碎它们尾巴的尖端，焚烧它们的尸体，以确保将其完全摧毁。

象征意义

暴政·压迫·嫉妒

蝎尾狮代表了人类所具有的所有邪恶。这是一种凶猛而无敌的野兽，它会残酷对待自己所生活的区域，会无休止和毫无怜悯地杀死所有栖息于此的生物。蝎尾狮是贪婪的，不会放过任何一个猎物，而且食肉动物和食草动物都一样会成为它的美餐。因此，它代表了残暴统治者的暴政和压迫，这些统治者既不会让自己的人民休养生息，也不会给他们带来任何正义。在中世纪，蝎尾狮成为住在地狱中的怪兽之一。在罗马式艺术当中，蝎尾狮总是作为装饰祭坛和柱头的神兽。从那时起，它的象征意义开始逐渐得到扩展，主要被用作嫉妒的形象。这种象征主义遵循了使用可怕怪物的形象来代表七宗罪的习俗。

弥诺陶洛斯

弥诺陶洛斯名字的意思是"米诺斯的牛"。正是因为其父亲波塞冬从水中发现的一头公牛，波塞冬将这头公牛赐给了米诺斯，并要求米诺斯将其祭献给自己；但是米诺斯看到这只公牛实在是太美丽了，于是便自己留下了这只公牛，并宰杀了另外一只公牛作为替代物来祭献。当然，波塞冬发现了米诺斯的这种背叛行为，并感到非常愤怒，于是他便设法让米诺斯的妻子帕西法厄爱上了这只公牛。为了吸引公牛的注意力，帕西法厄下令建造了一只空心的木牛，这样她便可以进入其中并躺在公牛的旁边。帕西法厄和公牛结合生下了一个牛头人身的怪物，这就是弥诺陶诺斯，也叫阿斯忒里翁。

这只怪物很快就长大了，随着时间的流逝，它变得越来越无法控制，而且只以人类的肉为食。它的父母无法杀死它，下令发明家戴达洛斯建造一个地下密室，其中到处都是错综复杂的房间和走廊，把它看管于此并遏制它的暴力性格。因此，弥诺陶洛斯被锁在迷宫的中央，无法逃脱。为了安抚它，每九年要向它投喂七对来自雅典的童男童女。在与克里特人的战争失败后，雅典不得不向克里特献上七名童男和七名童女作为贡品。在雅典国王埃勾斯之子英雄忒修斯决心杀死弥诺陶洛斯并

将自己的祖国从米诺斯的欺辱下解放出来之前，雅典共两次献上了这种惨无人道的贡品。为了杀死弥诺陶洛斯，忒修斯自愿成为献祭的童男，和其他献给米诺斯的童男童女一起，登上黑色的帆船，前往克里特。

到达克里特岛后，忒修斯遇到了米诺斯国王的女儿阿里阿德涅，而阿里阿德涅爱上了他。公主恳求忒修斯不要与弥诺陶洛斯作战，因为她知道没有人能活着走出迷宫，但忒修斯说服了她，使她相信自己可以打败弥诺陶洛斯。看到不可能劝阻忒修斯，阿里阿德涅便开始帮助他，并制订了一项计划，以帮助忒修斯找到迷宫的出口，因为挑战不仅在于杀死可怕的弥诺陶洛斯，也在于是否能够摆脱困住他的陷阱。阿里阿德涅给了他一个金线球，这样，当他进入迷宫之时，可以将金线球的一端绑在入口处。因此，在他穿过迷宫时，金线会指路，而且在杀死弥诺陶洛斯后，通过金线就可以找到出口。另外的许多传说版本中说阿里阿德涅给了忒修斯一把魔剑。这样，忒修斯成功地打败了弥诺陶洛斯，并逃出了致命的迷宫。忒修斯在战胜弥诺陶洛斯之后，使用阿里阿德涅的丝线逃出迷宫，象征着他的重生、脱离死亡以及与神性的相遇。因此，迷宫与死亡和英雄堕入地狱有关。

作为人类最古老的象征之一，迷宫几乎存在于世界上所有的文化、时代和地区。迷宫这个象征符号的使用非常广泛，甚至可以在巨石遗址找到代表迷宫的雕刻。人们认为在地面上绘制的迷宫，具有捕捉恶魔的神奇功能，是保护的象征。从中世纪开始，这种含义发生了改变。

迷宫出现在绘画、雕塑和雕刻中，代表基督徒为了见到上帝必须走过的艰苦道路，而弥诺陶洛斯——这种隐藏的野兽，象征着世界的危险。这些危险是虔诚的基督徒必须要避免或是要面对的。金线是受保护的信仰，会将人类引向救赎。在中世纪，迷宫的形象开始出现在大教堂中，以便那些无法前往圣地朝圣的人可以跪下穿过迷宫，以代替朝圣之路。其中，位于法国的沙特尔大教堂中殿中央的圆形瓷砖迷宫举世闻名；在花园中利用植物构成走廊而建造的迷宫也很流行，如凡尔赛宫花园中的迷宫，尽管这些植被迷宫的目的有时变成了为情侣提供秘密幽会的便利。

迷宫的经典神话和基督教徒对它的解释之间的相似性是显而易见的：忒修斯愿意为解放雅典人而牺牲自己的生命，就像耶稣基督为了拯救人类而牺牲自己的生命一样。这是面对野兽时所表现出的崇高精神，也是文明的代表。忒修斯依靠自己的勇气和智慧（还有阿里阿德涅的爱）逃离了迷宫。当弥诺陶洛斯由于野蛮而被囚禁在迷宫中时，忒修斯为了打败它而自愿进入迷宫。

在现代，弥诺陶洛斯被视为我们所有人拥有的消极和残酷一面的代表，是我们良心的阴影。弥诺陶洛斯被隐藏、被囚禁，远离人们的视线，就像我们处理最黑暗的欲望和不愿示人的激情的方式一样。这是我们随身带有的原始的和隐藏的动物属性的一部分。为了在人类中间生活，怪物必须被囚禁在迷宫之中。

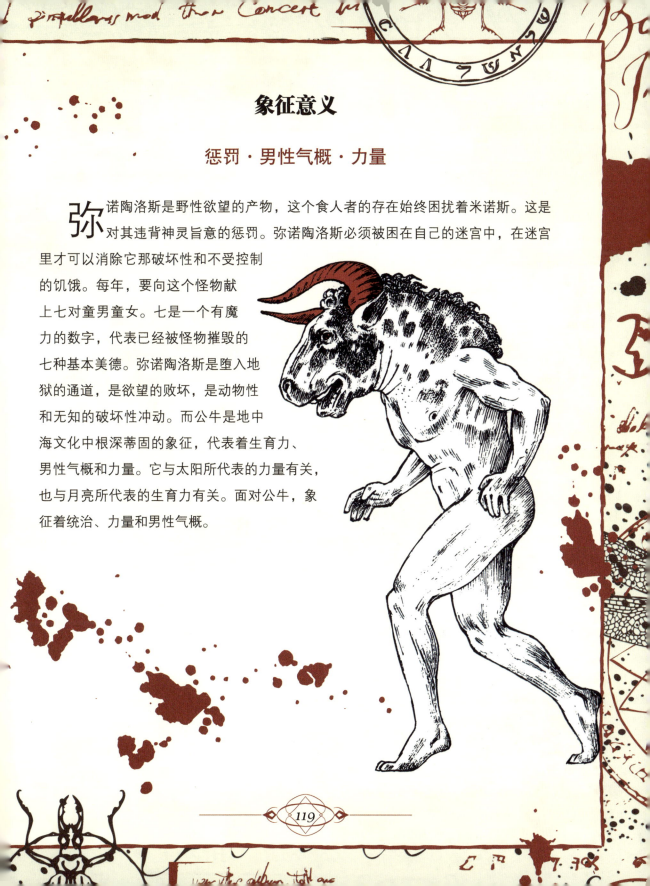

象征意义

惩罚·男性气概·力量

弥诺陶洛斯是野性欲望的产物，这个食人者的存在始终困扰着米诺斯。这是对其违背神灵旨意的惩罚。弥诺陶洛斯必须被困在自己的迷宫中，在迷宫里才可以消除它那破坏性和不受控制的饥饿。每年，要向这个怪物献上七对童男童女。七是一个有魔力的数字，代表已经被怪物摧毁的七种基本美德。弥诺陶洛斯是堕入地狱的通道，是欲望的败坏，是动物性和无知的破坏性冲动。而公牛是地中海文化中根深蒂固的象征，代表着生育力、男性气概和力量。它与太阳所代表的力量有关，也与月亮所代表的生育力有关。面对公牛，象征着统治、力量和男性气概。

食人魔

　　食人魔是一种非常有名的怪物，在世界各地的文化当中以这样或那样的形式出现。食人魔的外貌因地区而异，但大体上都有如下的特征：身材魁梧，外貌与人高度相像，头部与身体大小极其不协调，胡须和头发凌乱。食人魔有着颜色怪异的皮肤或是其他非常独特的身体特征，而且脾气十分暴躁。

　　食人魔主要以人肉（特别是儿童的肉）为食，并依靠自身发达的嗅觉来寻找儿童。在某些情况下，食人魔可能会被太阳光摧毁。人们普遍认为"食人魔"一词来自法语的"ogre"，它可能源自拉丁文的"orcus"，它是古典文化中地狱里最可怕的神灵之一。在中世纪的肖像画中，"orco"是"地狱"的代名词，"地狱"的入口通常模糊地表现为人形怪物的形象，张着吞噬罪人灵魂的大嘴。作家约翰·罗纳德·瑞尔·托尔金在著名的小说作品《魔戒》中首次使用"orco"一词来命名类似于食人魔的生物，这种生物也与人十分相像，但是身材小得多，外表恐怖，嗜血如命，生性邪恶。

　　在某些故事中，食人魔是害羞胆怯的，其巨大的力量几乎总是被低下的智力所抵消，这使得它们即使具有魔力（通常是变换外形的魔力），能够变成各种动物，也很容易被击败。另一方面，女性食人魔与男性食人魔有着同样的特征，但是有

时会站在反对食人魔暴行的人类一边，并表现出同情心。

　　我们可能对于这种怪物中的两类非常熟悉：独眼巨人（在前额中心有一只眼睛的巨人）和巨魔（斯堪的纳维亚神话中浑身是毛的邪恶巨人）。这些怪物都住在城堡或洞穴中，远离它们难以融入的人类文明。在藏身之处，它们夜以继日地看守着积聚的大量宝藏。有时，这些财富也是英雄与食人魔作战的原因。击败食人魔也是一个强有力的成人礼。

象征意义

邪恶·贪婪·愚蠢

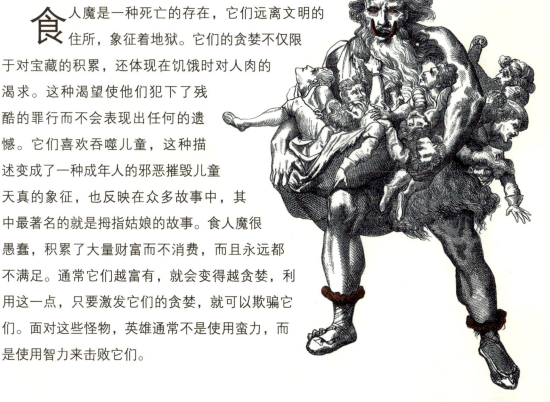

食人魔是一种死亡的存在，它们远离文明的住所，象征着地狱。它们的贪婪不仅限于对宝藏的积累，还体现在饥饿时对人肉的渴求。这种渴望使他们犯下了残酷的罪行而不会表现出任何的遗憾。它们喜欢吞噬儿童，这种描述变成了一种成年人的邪恶摧毁儿童天真的象征，也反映在众多故事中，其中最著名的就是拇指姑娘的故事。食人魔很愚蠢，积累了大量财富而不消费，而且永远都不满足。通常它们越富有，就会变得越贪婪，利用这一点，只要激发它们的贪婪，就可以欺骗它们。面对这些怪物，英雄通常不是使用蛮力，而是使用智力来击败它们。

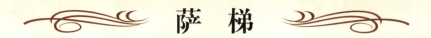

萨 梯

　　萨梯是古典神话中的一种怪物，其最臭名昭著的特征广为人知：头发杂乱，长着胡须，浑身体毛，有着山羊角、尖尖的耳朵和硕大的生殖器，这也使得它们具有另一个特征：性欲旺盛。后来，萨梯常与半人半羊的牧神潘恩相混淆，并且还出现了山羊的腿和尾巴。

　　萨梯总是只有雄性。直到很多个世纪以后，有着山羊腿和角的雌性萨梯形象才出现在艺术品中。萨梯是酒神狄奥尼索斯的随从，为了纪念他，萨梯常将葡萄叶做成头冠戴在自己头上，并穿上动物皮，特别是象征神的豹皮。萨梯是开朗、调皮的动物，它们不知道掌握尺寸，所以会经常看到它们喝酒或吹笛子。它们通常会用跳舞、狂欢的方式来消磨时间，它们喜欢享受身体上的娱乐，这对于它们所追逐的仙女们来说是很危险的。

　　对于那些是西勒诺斯（狄奥尼索斯的师父，也是一个嗜酒如命的智者）子孙的萨梯，因传说版本的不同，有关它们的一切也有所不同。其中，年老的萨梯总是以秃头的形象示人，而且非常容易因年老而疲倦，但是它们有着伟大的智慧，被称为"西勒诺斯羊神"，而那些没有思想和缺乏经验的年轻萨梯被称为"萨梯"或"福纳斯"。它们常陪伴牧神潘恩和酒神狄奥尼索斯旅行。它们常常装饰有代表狄奥尼索斯的饰物，即葡萄叶和葡叶杖（草藤或葡萄藤，顶上带有一个松球）做成的冠。它们爱好音乐，能歌善舞，它们会合唱起《公山羊之歌》并随之翩翩起舞。载歌载舞会给它们带来欢乐，是与庄稼和葡萄收获有关的丰收的象征。

　　在罗马神话中，源于羊的牧羊神卢波库斯变身为狼，喂养了后来成为罗马城奠基者的罗慕路斯和瑞摩斯。为了纪念他，在古代，每年二月，罗马人都会以淫秽的舞蹈和歌曲来庆祝卢波库斯节或丰收节。

象征意义

欲望·放纵·欢乐

萨梯是酒神狄奥尼索斯的随从，因此，在希腊罗马文化当中，它们代表着幸福、喜庆精神、人丁兴旺和庄稼的丰收。年轻的萨梯们无法控制自己所有的欲望。在古典艺术中，通常会将它们描绘成挺着硕大的生殖器官，追赶和骚扰一切雌性生物，包括仙女和女神，甚至是动物。这种欲望及其不受控制的性格使得基督教教会用萨梯的特征（山羊角和腿）代表恶魔，并将它们变成男人的诱惑者。萨梯与基督徒的美德距离十万八千里，它们懒惰、嗜酒和鲁莽，代表着能使人堕入地狱的乐趣和欲望的诱惑。

蛇

根据成书于公元前2000年左右的巴比伦史诗《埃努玛·埃立什》记载，海中巨蛇提亚玛特与其对手马尔杜克的斗争导致了世界的诞生。马尔杜克被提亚玛特吞噬后，用弓箭刺穿了这只巨蛇的喉咙，并最终战胜了它。杀死巨蛇提亚玛特后，马尔杜克将其尸体切成两段，并用其分别创造了天与地。

这个神话只是蛇对人类所造成的原始恐惧的缩影。它是在创世神话甚至是重生神话中一个经常出现的符号。在这些重生神话中，也会出现大蛇阿波菲斯的身影。夜幕降临之时，阿波菲斯会躲在地平线以下，试图吞噬阿托姆的太阳船。阿波菲斯可以被打败，但不能被摧毁，所以它与太阳神一直处于日复一日的战斗之中。

蛇有时与龙具有相同的象征意义，它们都会使人联想起混乱、原始性的破坏以及智慧与邪恶。根据《圣经》的记载，撒旦为了诱惑夏娃而伪装成了蛇，并通过这种方式将人类赶出了天堂，这就是我们所知道的人类历史的开端。蛇的谎言及其所吐出毒液的象征意义是很明显的，在我们之前读到的美杜莎神话中，或者在另一个希腊神

话——拉奥孔神话中，都可以看出蛇本身带有众神惩罚的意思。拉奥孔的神话有不同的版本，有的版本说这名祭司因结婚和育有子女，违反了阿波罗对祭司的禁令而受到了惩罚；而其他版本中说，拉奥孔受到惩罚是由于他违背众神的意思企图销毁特洛伊木马。但无论原因为何，结局都是阿波罗派遣了两只大毒蛇将拉奥孔和

他的两个儿子缠绕而死。与蛇有关的还有古埃及的恶魔或神仙阿布拉克萨斯。这种怪物有着公鸡的头、人的身体和蛇的腿，代表着善与恶的二重性。用作施展巫术之物的单词"abracadabra"可能来自Abraxas（阿布拉克萨斯）。埃及人也将埃及的眼镜蛇作为法老的符号，因为它代表法老所戴的埃及王冠上的乌加特女神或"天空之女"，以及太阳神之眼，这象征着力量和丰收。

就像龙一样，蛇守护着隐藏在地下的宝藏，但这些宝藏并非总是物质，有时也可以是智慧。大地女神盖亚的女儿——巨蟒皮同，住在帕纳塞斯山下的一个山洞之中。它在这里守护着一个强大的神谕。阿波罗杀死了皮同，并夺取了神谕。因此，负责解密神谕信息的女祭司被称为女预言者。蛇隐藏着丰富的知识，但是如果知道该如何向蛇咨询这些知识，蛇就可以提供知识。像阿波罗一样，能够驾驭这些动物的人应该拥有强大的力量和智慧。在希腊罗马文化中，能够驯服蛇的人是赫尔墨斯和阿斯克勒庇俄斯。赫尔墨斯拥有节杖，杖身金黄，杖上盘绕二蛇，杖顶有白色双翼。这两条蛇代表着世上善与恶之间的平衡，而善与恶之间的平衡以世界为中心，因此，也代表了信使的中立性。通过这个节杖，赫尔墨斯能够找到埋藏的宝藏。

当赫尔墨斯的节杖与医学之神阿斯克勒庇俄斯的节杖（是一根缠绕着一条蛇的杖）相混淆时，就最终成为医学上的象征。在这种情况下，蛇具有皮肤再生的能力，而它的毒液有时也可以流入杯子中，这暗示着重生和能够从致命物质中制成药物的能力。阿斯克勒庇俄斯是阿波罗的儿子，因此，这对父子都是蛇的征服者，他们去除了这种爬行动物的邪恶，并帮助人类获得了巨大的利益。

蛇不仅存在于许多创世神话之中，也存在于有关世界末日的神话中。让我们回忆一下，海蛇（或巨龙）利维坦在世界末日时从水中飞出，与地上的巨兽贝希摩斯作战，这场争斗几乎摧毁了万物。在北欧文化当中，在世界末日来临之时，睡在海底的巨蛇耶梦加得，会从它的巢穴中出来，将它的毒气喷向天空。

因此，蛇会出现在生命的开始和尽头，它的毒液足以致人死亡，但是也可以从中获得很多药品。尽管它与神秘和谎言有关，但它也是智慧的象征。从这些矛盾中诞生了一个最普遍的符号，我们之前也已经讲过这个象征符号：衔尾蛇或咬住尾巴的蛇（尽管有时被表示为两条相连的蛇，一条咬住另一条的尾巴）。象征着事物永恒循环的衔尾蛇是宇宙的连续性和自我再生，其身体所形成的圆圈代表着永恒、持续的战斗以及将我们带回到开始的改变。

在许多文化中，有着弯曲的身体和冷血的蛇是河流和海洋中水的象征。因此，这是一种有益的力量，可以带来雨水并促进农作物的生长，但这也是反复无常的，而且可能致命并引发破坏性的洪水或暴风雨，却没有准确的方法来预测这些灾难。

在中世纪的动物寓言集当中，也出现了斯西塔利蛇。这是一条看起来很奇妙的蛇，在其后腰和身体的上部有一些发光的印记，会让看到的人眩晕。根据塞维利亚的神学家圣伊西多尔的说法，当斯西塔利蛇展示其美丽身体的时候，所有看到它的人都没有能力逃离，他们别无选择，只能原地不动，被它催眠和捉住。与其他文化一样，斯西塔利蛇用背上的光芒展示了它与太阳的关系，即使在冬天，它也会散发出许多的热量，它的皮肤光芒也会不断变化。

象征意义

死亡·罪恶·永恒

基督徒把蛇作为魔鬼的标志，尤其是与那些用谎言来诱人的魔鬼联系在一起，这些谎言就像甜甜的毒药一样灌入罪人的耳朵，唯一目的就是诱使他们迷失。蛇是有智慧的，因为它知道人的欲望和命运，因此，它知道该对人们说些什么来诱惑他们。这样，蛇就是在世界中蔓延的邪恶，是女巫的伴侣和致命武器的创造者：它是地狱的主要居民。但是，在基督教的肖像集之外，我们发现了一个与太阳有关的生物，这种生物通过改变皮肤而焕发生机，它会在永恒的周期中死亡和复活。蛇是宇宙的轮子，用身体包围着世间万物。它是太阳和月亮，也是恒星和行星的舞蹈。它是冬天和夏天，以及白天和黑夜的永恒循环。它是生与死。

独角兽

很少有生物能够像独角兽这样在世界各国的文化中占有如此重要的地位。对独角兽的经典描述广为人知：它是一匹白色的马（或鹿），留有山羊胡，在额头的中心长着一个螺旋形的角。在北半球有一个星座就叫作独角兽座（麒麟座）。

然而，有趣的是，独角兽最初的形象与今天我们所看到的独角兽非常不同，甚至是几乎没有任何关系。生活在公元前4世纪的希腊学者克泰夏斯告诉我们，在印度生活着一种像"野驴"的动物。它们大小与马类似，通体白色，有着红色的头部和深蓝色的眼，它们的前额上长着一根约半米长的角。从角的底部往上半米长都是白色的，角的中部是黑色的，而上部是深红色的。老普林尼描述的独角兽是有着马的身体、鹿的头和大象的脚。

对于波斯人来说，独角兽是一匹只有三条腿的马；而对阿拉伯人来说，独角兽是只野兔。以此类推，北欧人，特别是维京人，认为独角兽是条鱼，很可能是一只独角鲸。相反，希伯来人将独角兽描绘为一个庞然大物。人们还认为，希腊人和罗马人所描述的只有一只角的动物，可能是取材于来自异国的犀牛。鉴于河马被希腊人描述为"河里的马"，所以他们将犀牛描述为有角的马就不足为奇了。无论如何，所有这些生灵的唯一共同特征就是在额头上有一个角，在所有情况下，独角兽都具有惊人的特征和力量。

　　早期的基督徒引用《旧约》中的内容将其描述为一匹有着独角的马。对他们来说，这是一种非常凶猛的动物，只有圣母玛利亚本人才能安抚它。这奠定了中世纪神话的基础，在此基础之上，出现了许多捕捉独角兽的传说，根据这些传说，如果没有一个能够安抚独角兽的贞女在场的话，是无法捕猎独角兽的。此外，独角兽还有一些其他特征将其与纯洁关联在一起，例如，它从不吃地面上的任何东西，它只吃树枝；它也从不喝湖泊等静水里的水，只饮用晶莹的溪流中的水。它也常与月球周期联系在一起，满月之时正是它力量最大的时刻，也最容易捕猎它。对独角兽的追逐也是对美好爱情的隐喻，只有最崇高的情愫才能拥有拜倒在贞女脚下的爱情，只有纯真和纯洁才值得无条件的爱。贞女能够驯服这头野兽，不仅是因为她的性格完美无瑕，更因为她内心的善良和温柔，因为她无条件地奉献，从而得到了难以捉摸的独角兽的信任。因此，独角兽是一种具有非凡力量的动物，可以在贞女的腿上入睡，可以在她的面前变得温顺。

　　独角兽爱好自由和不可冒犯的神圣性表现在没有人可以骑上它。独角兽与爱情有一个共同点，那就是如果自由被剥夺，如果意愿被违背，如果身体被束缚，那么它宁愿选择死亡。杀死独角兽的唯一方法是切断它强大的角，但为此必须使用欺骗手段，因为需要一个拥有童贞的女孩儿，更重要的是由天真的女孩儿来捕猎它。这个女孩儿

也必须受到欺骗，也就是说，她必须在不知道要伤害独角兽的情况下走近它，因为如果它感觉到任何接近它的人想欺骗它或怀有恶意，它就会跑远。因此，捕猎独角兽象征着极端的背叛、谎言以及对纯洁和神圣的破坏。

我们之前已经说过，独角兽的角具有巨大的力量。一方面，它象征着太阳的光线、神剑以及动物当中存在的神性。另一方面，它也象征着权力和正义。它的眼里永远只容得下吉祥的征兆，只有那些以圣洁和纯正品质著称的人才有资格抚摸它。如果独角兽用角触碰了水，水就会立即净化，变得可以饮用。它的角还可以有效治疗胃部疾病和癫痫等疾病，但更为重要的是，它是一种通用的解毒剂，能够快速清洁含有任何类型毒物的食品。为此，有人用独角兽的角雕刻成杯子或将其切成粉末与饮料一起喝下。也有人说，随身携带独角兽的角的人能够察觉他人的谎言，但是不能揭露这些谎言。在某些情况下，它也被赋予了催情药的功能。所有这些特质使得国王们都渴望拥有这样一只角，甚至愿意为用这种材料制成的护身符支付巨额费用，通常将这些护身符放置在戒指或圣髑盒中。自然地，因为独角兽不是现实中存在的动物，渴望拥有独角兽的角的想法，为假货市场大开方便之门，因此，犀牛角或独角鲸的角总是被当作独角兽的角出售。

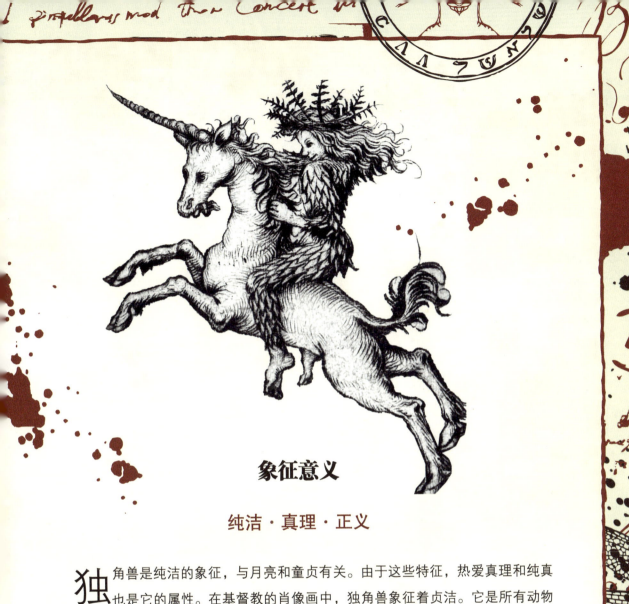

象征意义

纯洁·真理·正义

 独角兽是纯洁的象征，与月亮和童贞有关。由于这些特征，热爱真理和纯真也是它的属性。在基督教的肖像画中，独角兽象征着贞洁。它是所有动物的国王和保护者，在纹章上，它代表着勇气、力量和正义。在贵族的徽章中，人们会经常看到一只狮子陪伴左右的独角兽形象，因为独角兽和狮子有相似之处。独角兽很难被捕猎或捕获，这使得它时常出现在带纹章的盾牌之上，以象征独立和不可战胜的人民。作为美德和纯洁的象征，独角兽与谎言和腐败之王——龙总是针锋相对。它们经常会出现争斗。在炼金术中，独角兽象征着保护性和治疗性的魔法。多年来，药房使用独角兽的角或头部形象作为自己的象征。

鬼怪世界

自从人类来到世界上之后，就一直在试图诠释这个世界。尽管诠释这个世界的方式是虚幻的，但是对世界进行排序和分类的需要，以及理解我们周围一切的需要，还有解读这个世界的激情，使我们拥有了豪情万丈的控制欲，并能帮助我们抵御不确定性以及沧海一粟的孤独和恐怖感。

我们不是世界中心而只是一个尘世过客的观点，促使我们追求控制的幻想并寻求保护。也许这就是为什么我们崇拜各种神灵、崇尚宗教仪式、笃信迷信和魔法的原因。但是尤为重要的是，作为人类，我们最大的特点是将想象力服务于我们的智力，我们在观察周围的一切时，会试着理解和解释它。也就说，我们已经有了科学。

为此，我们将世界划分为几个基本要素，其中最重要的四个要素是土、空气、火和水，也就是四个要素的理论，这个理论于公元前5世纪由古希腊哲学家恩培多克勒创立，并由亚里士多德发扬光大。这个理论认为自然界中的一切都由这四个要素中的一个或多个组成。这个理论，尽管在今天没有科学的有效性，但是在许多个世纪当中，它一直为人们所信奉。也有一些文化为此加入了新的要素，例如金属和木材，但是一般来讲这四个要素最被普遍接受。此外，人类将世界上存在的生灵（真实存在或不存

在的）也归入这些要素，并赋予它们自己的特征，这是非常合乎逻辑的。这似乎是一个明智的解决方案，但人类的想象力并不总是走寻常路。

我们开始将鱼类（和克拉肯）归属于水，而秃鹫（和飞马珀伽索斯）归属于天空，同时，我们也开始创造其他一些无法列入这四种要素之中的可怕生物，也就是说，有些生物不属于任何分类：它们生活在恐惧、死亡和黑暗的王国之中。我们最可怕的恐惧存在于自己心中最黑暗的角落，在那里充满了对死亡、疾病或野蛮的恐惧。随之而来的是可怕的吸血鬼、狂野的狼人、精灵和小矮人等。

但是，我们也会为了享受恐惧带来的快乐而制造恐惧。或者说，为了享受讲述虚构故事以及彼此讲故事所带来的激动。我们用令人不寒而栗的故事来对抗无聊，惊奇的感觉使我们想到巨人和幽灵。这是人们欣赏恐怖电影的逻辑，而在发明电影之前的远古时代，恐怖的形象来自神话：波塞冬的独眼巨人儿子们，巨大而可怕，却被奥德修斯的智慧所捉弄。尽管这个故事随着时代而变化，但是世代流传。独眼巨人可以变成食人魔和兽人，这些形体巨大的恶棍，愚蠢无比，总是在所有的战斗中失败。

或者，我们正在寻找的是对穿越森林时追逐我们的阴影和声响的一种解释。它可能只是一只动物，也许是危险的动物。它可能是杂交的生物，一半是狼，一半是人，在黑暗中追逐我们。可以想象，我们可以扮演神灵并创造出怪物和精灵。或者，我们

也会被活死人的想法所吸引，这些死人从坟墓中出来吸食活人的血液并将我们变成与他们相似的幽灵。我们对于恐怖世界的想象力是无限的，这就是为什么存在这么多恶魔般生物的原因。

恐惧可能是人类最古老的感觉。我们遭受的痛苦可能归因于真实而客观的事

件，例如没有食物或患上疾病，但真正的恐惧很少来源于此。大写的恐惧、原始和初级的恐惧是一种源于我们祖先时代而且代代相传的令人不安的想法。这些恐惧很多人都有，或许不是源自我们的内心，但总是让我们做噩梦：这是对黑暗的恐惧，对死亡的恐慌或由此产生的一切，就像一种被活埋的感觉或者害怕孤独的感觉。对疼痛的恐惧，尤其是对被割去血肉的恐惧也是人类永恒的一种恐惧，人们会远离可能使他们中毒、吞噬他们或向他们传播疾病的害虫。当然，与所有这些恐惧相关的是我们永远无法抑制的想象力所创造出来的栖息在阴影当中的生物。

可怕生物的威胁不一定会为了引起恐惧而真实存在。我们可能没有处于危险之中，但是我们有一种混淆了事实和虚幻的强烈感觉。我们的生存机制使我们害怕可能会伤害到自己的事物，甚至包括为了纯粹的娱乐而编造出来的事物，因此，在面临威胁性刺激的情况下，一系列自我保护反应被激活。因此，我们创造与死亡有关的生灵（例如僵尸、吸血鬼、木乃伊或幽灵），正是为了学习如何避免死亡。

在这种恐惧与幻想的世界中，人类放入了自己的希望与恐怖。我们让想象力信马由缰，因为如果完全理性，我们就会失去情感，而最为重要的是，我们是感性的生物。恐惧也是对抗疯狂的一种工具，这是解释现实的另一种方式，这些随之而来的生灵将为人类服务。

独眼巨人

　　独眼巨人族是希腊神话中的巨人族中的一支，其特征是在前额中央只有一只眼睛。他们固执、骄傲而且粗野，也是著名的建筑者和手工工匠。在希腊神话中，他们象征着力量和权力。甚至还有三个著名的独眼巨人：布隆特斯（雷）、斯特洛佩斯（电）和阿尔格斯（霹雳）。

士兵们习惯于将这些独眼巨人的名字刻在自己的武器上，以便在战斗中所向披靡。铁匠们也用这些名字为他们的得意之作命名，以吸引买家。这些独眼巨人在隐藏于地下的巨大作坊里劳作，当他们点燃锻件或击打铁砧时，就会产生地震和火山喷发。

　　第一代独眼巨人是天空之神乌拉诺斯和大地之母盖亚的孩子。乌拉诺斯担心这些孩子们的力量过大，为了防止他们造反，把他们囚禁在了冥界的黑暗深渊里。他们的兄弟克洛诺斯与有50个头、100只手臂的赫卡同农业之神德墨忒耳一起把他们从深渊当中释放出来。多亏有了这种帮助，他们才得以击败了自己的父亲并阉割了他。但是战争结束后，克洛诺斯再次将他们囚禁起来，直到宙斯再次把他们释放出来。作为感谢，独眼巨人锻造了雷电来作为宙斯最喜欢的武器，还打造了阿芙洛狄特的弓、哈迪斯的头盔和波塞冬的三叉戟。凭借这些武器，众神在被称为"提坦巨神之战"的战争中击败了克洛诺斯。战争结束之后，独眼巨人们在工匠之神赫菲斯托斯的作坊中工作。

　　独眼巨人被认为创造了第一个用于祭祀众神的祭坛，以及其他许多建筑。当一堵墙或建筑物的尺寸很大时，希腊人用形容词"独眼巨人的"（即独眼巨人制造的）来称呼它。尽管第一代独眼巨人性格粗鄙、喜好争斗，但他们勤劳能干、技术娴熟，代表了创造力和文明相对于野蛮的优势。不幸的是，当宙斯用雷电劈死了阿波罗之子——医神阿斯克勒庇俄斯后，阿波罗为了报复，将这些独眼巨人都杀死了。阿波罗无法杀死众神之父——宙斯，只能通过杀死那些锻造武器的人来报仇。

第二代独眼巨人族是一个居住在岛屿上的原始部落，神奇地诞生于宙斯阉割克洛诺斯时掉落的血滴之中。在这些独眼巨人中，最著名的是与奥德修斯作战的波吕斐摩斯，而荷马曾在冒险旅行中讲述过他的冒险故事。这些第二代独眼巨人缺乏第一代的才智和能力，他们是粗鄙而危险的生物，以人肉为食，不惧怕任何东西和任何人。

象征意义

力量·工艺技能·野蛮

各代独眼巨人之间的二重性一方面使它们与"原始工匠"、众神的保护者和助手有关，另一方面又与远离文明的侵略性、缺乏控制、邪恶和凶猛有关。因此，这又是野蛮与文明之间的二重性。看到一切的眼睛，即独眼巨人的眼睛是一种在各种文化中都普遍象征着无所不能和监视一切的视野，以及智慧之眼。感知光的眼睛与太阳有关，就像埃及荷鲁斯神的眼睛一样。位于中央的眼睛是超人类力量的象征，既可以是积极的力量也可以是破坏性的力量。

狼 人

　　和吸血鬼一样，狼人也是一种在世界各地神话传说中普遍存在的生灵，因为在整个历史上，在许多独立的文化和文明中出现的狼人都具有非常相似的特征。

　　"**狼**人"一词来自希腊语"lykos"，意为"狼"。这个词还与阿尔卡狄亚国王吕卡翁有关。这位君主是一个有教养和有爱心的人，他不仅因为对臣民的奉献精神而受到人民的拥戴，而且因为非常虔诚，也得到了众神的高度赞赏。他建立了一个伟大的城市——利科苏拉，在这座城市里，人们放弃了在野外生活的状态并认识到了文明的好处。他在此建造了一个大型的祭坛，用来祭祀宙斯。不幸的是，他的热爱变成了狂热，并完全失去了控制，他杀死来到这座城市的外国人，并把他们献上祭坛。这件事传到了众神之父——宙斯的耳中，于是宙斯来到这座城市，看看情况是否属实。

　　由于怀疑这位来访者可能是神，国王不想杀死他，而是用一顿人肉盛宴来招待他。国王的这种行径让宙斯很生气，宙斯把吕卡翁变成了狼，并烧毁了他的宫殿。

　　在神话传说中，吕卡翁的后裔都是可以变成狼的人，而这位国王本人是历史上第一位狼人。在希腊拉丁文化中，人们被迫变为动物的故事非常常见。人们被迫变为动物几乎都是由女巫和巫师的诅咒或妖术造成的。罗马帝国的彼得罗纽斯在《萨迪利空》中已经将人变狼神话中的另一个典型元素，即满月的出现与人类变为狼联系在一起。

　　我们能够在整个欧洲找到人变成动物的故事。受害者所变成的动物类型取决于每个地区

138

的捕食者。在北欧，我们会找到狂暴战士——也被称为"狼皮大衣"的战士，因为他们在战斗时会穿着狼皮，而且拥有一种致命的愤怒，使他们锐不可当，就好像野兽一样。他们可能是通过摄取某种迷幻药物达到了一种兴奋的状态，这让他们相信自己已经拥有了狼的精神。

这种要变成动物的想法可能是自愿的，为此他们使用了一些方法，如用狼脂制成的药膏擦拭身体，穿上狼皮或用狼皮制成的衣服或实施各种仪式，包括在夜晚行走和与魔鬼交流。这些做法最终可能导致非自愿的变身。人们认为巫师的后裔可能被迫变成狼。这种诅咒可能会影响整个家庭或仅影响家庭里的部分成员。在许多国家中，人们认为狼人的第七个儿子承受了这样的诅咒，最终必定成为狼人，或者获得了很少用于好事的超自然能力。有关第七个儿子遭受诅咒的最著名的神话就是来自拉美地区的狼人神话。生活在南美印第安人之中的瓜拉尼部落流传的神话说，狼人是一个家庭的第七个儿子，会在周二和周五变成可怕的狗或狼。他习惯以墓地中的尸体为食，但在午夜时分，他会出去寻找活人。如果他能够在人们的两腿之间成功穿过，他就会把这些人变成像自己一样的狼人。也就是说，他会吞噬死人的肉体，并在把活人变成野兽时，吞噬他们的灵魂。

　　将人变成动物的另一个原因可能是神的惩罚。在一些东欧国家，人们认为变兽狂患者是屡次犯下致命罪行的人。例如，他们认为孕妇变成狼并吞噬自己的孩子之后，第二天会惊恐地发现自己的所作所为。一旦她们谋杀了自己的后代之后，她们就会袭击自己的亲戚、家人和邻居。当这些罪恶母亲恢复人形之后，对她们的惩罚是验证自己的行为。也有许多传说中的男修道士或修女因其卑鄙的行为而变成了狼。

　　最后，变成狼人的一种非常常见的方法是被另一只狼人咬伤，这使得人们远离狼群或出于恐惧而猛烈攻击狼群。但甚至有人相信，和狼在同一个地方喝水或在满月之时裸睡，就会变为狼人。

　　直到十八世纪，全世界还普遍认为这些故事是事实。人们试图找到一种合理的解释来证明这种信念的根深蒂固，这种想法在司法系统中引起了共鸣，因为某些国家（例如英国）制定了反对变兽狂的专门法律，即使在很久以前，狼已经在这些岛屿灭绝，这种法律仍一直存在。 其中一些解释是意外摄入麦角菌、过多毛发问题（体毛过度生长）、卟啉病（可能包括致幻的一种疾病）或狂犬病病毒爆发，但用上述内容解释狼人现象的根深蒂固似乎过于简单。毫无疑问，这种现象具有更深的渊源，其中包括中世纪集体癔症的产物。

象征意义

巫术·食人·恶名昭著

在几乎所有西方文化中，狼都是邪恶的象征。狼被认为是狡猾和有害的动物，它吞噬人类，就像从地狱派出的使者一样惩罚罪恶的人。在所有情况下，狼所到之处都会留下毁灭的痕迹，或者至少是在集体想象中持续存在这种想法，并且也反映在民间儿童故事中。儿童故事中的大灰狼总是非常残暴的。狼变成了一种应该被消灭的动物，它代表了文明生活的所有对立面。以捕猎为生的人，或者结成团伙的罪犯，经常因其残忍而与狼相提并论。狼人拒绝了人性，转而选择了一种由本能控制的残酷兽性。通过实施各种犯罪，甚至是最卑鄙的罪行——食人，狼人拒绝了文明道路，拥抱了野蛮行为。在许多情况下，这种行为与巫术禁止的魔法行为联系在一起。

精 灵

有关精灵的故事是众所周知的中世纪传奇故事和重要的犹太民俗神话，它也是在许多人类文化中反复出现的故事，这些文化认为人类能够以无生命物质（精灵的意思是"物质"）来创造生命，就像上帝一样。

在希腊拉丁文化中，因其创造者而获得生命的雕像与皮格马利翁神话有关。在这个神话中，这位雕刻家爱上了他所雕刻的一个雕像，阿芙洛狄特女神将雕像变成了人。因此，雕像、玩偶或机械人并不是一种奇怪的文化参照，我们将看到一些非常详细的有关人造侏儒甚至机械人的故事。

但是，在十三世纪，精灵就以我们今天所看到的样子出现了：一个雕像由于其雕塑者的努力而获得了与生命相似的呼吸；一位拉比用泥土或黏土创造了一个雕像，由于他玄妙的知识，这个雕像被赋予了生命。因此，精灵和第一个人亚当一样，都是用泥土制成的。黏土是维持生命和造物的原始材料之一。尽管人类所创造的精灵是一种

不完美的创造物，因为其缺乏灵魂、智慧或自由意志，但这是为了获得神性而造物的尝试。有两种方法可以实现这一奇迹：第一种方法，拉比在精灵的额头上写了"emeth"（生命）一词以使其激活，直到"e"被擦除或模糊，仅留下"meth"（死）一词时，精灵就会化为尘埃。第二种方法是在精灵的嘴里放一张写有该词的小纸，为了摧毁这个创造物，只需要取出这张纸即可。

在16世纪和17世纪的欧洲，随着人们对炼金术和魔法科学的兴趣与日俱增，流传着各种各样有关精灵的传说。其中最著

名的是16世纪拉比犹大·洛的传说：他创造了一个精灵来捍卫布拉格的犹太居民区，使其免受反犹势力的进攻，因为神圣罗马帝国鲁道夫二世政府要驱逐或杀害这些犹太人。这个精灵被命名为约瑟夫，据说他可以使自己隐身并召唤死者的灵魂。每个星期五晚上，那位拉比犹大·洛从精灵的嘴里取出带有圣言的纸，以便让精灵在安息日休息。一个星期五晚上，拉比忘记了取出圣言，他担心精灵会发疯，摧毁它所遇见的一切，所以就把它毁掉了。精灵的尸体被保存在布拉格斯塔纳诺瓦犹太教堂的一个盒子里，以便在必要时可以让这个精灵复活。

精灵拥有强大的力量，却无法思考或说话。它代表了与神的作品相比，人类作品的不完美。此外，它还有一定的危险性，因为它可能会逃脱人的控制。对于精灵的虚构，后来以机器人的形式一直延续到今天，这种人造奴隶被赋予了一个生命，后来会逃脱人类的控制和理解，有时甚至会背叛人类。

象征意义

造物·狂妄自大

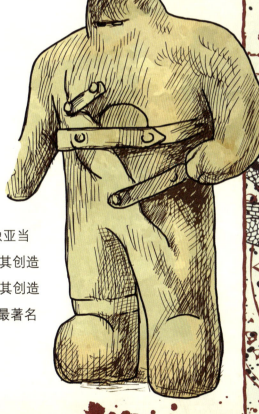

精灵作为人类模仿上帝最神圣任务的象征，这种对无生命物质赋予生命的任务，是对狂妄自大的警告。造物的能力是神的特权，人类的尝试必将以失败告终。精灵摆脱人类的控制，就像亚当和夏娃违背上帝意志偷食智慧树上的果实一样。背叛其创造者的生灵将受到惩罚：精灵被毁掉。迄今为止，违背其创造者以解放自己的造物一直存在于民间传说和文学中，最著名的例子是弗兰肯斯坦。

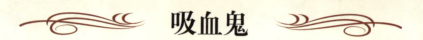

吸血鬼

自古以来，人们就一直在谈论食用人血可以延长寿命、治愈疾病，甚至获得包括长生不老在内的各种非凡力量的想法。我们将吸血鬼一词与斯拉夫文化中的概念联系起来，它是指需要喝人血才能活下去的复活了的尸体。这个神话有明确的地理和时间范围：它在17世纪和18世纪出现在东欧，一直持续到今天。

然而，在《申命记》中，鲜血被说成是传递生命的神圣工具，并认为鲜血与灵魂是同一事物，因此《圣经》禁止食用人或动物的血液。在狄奥尼索斯的神秘仪式中，葡萄酒是他的血液，就像圣体圣事中耶稣基督的血液一样。在《奥德赛》中，讲述了死者必须如何喝血才能部分地恢复他们对前世的回忆和对生活的某种幻想。血液也是令人振奋的灵丹妙药，这种观点曾在整个欧洲传播开来，直到19世纪初，那里的人们还相信这是真的。

血液可以治愈结核病，也可以治疗贫血症。血液可以使人永葆青春和更加美丽，由此也出现了一位最著名的与吸血鬼神话有关的人士：匈牙利伯爵夫人伊丽莎白·巴托里。这个残酷而野蛮的女人被指控谋杀了无数年轻的农妇，以获取用鲜血制成的长生不老药和面霜，及直接在鲜血中沐浴或饮用鲜血。当然，她这样做也为了在之后许多年里成为最年轻、最美丽的人。而且，血液也是炼金术士所喜欢的东西。毫无疑问，与吸血鬼关系最密切的历史人物是罗马尼亚王子弗拉德·德古拉（绰号弗拉德·特佩斯)，使他臭名昭著的是用尖

木桩刺死的方法来惩罚他的敌人。这位王子是爱尔兰作家布莱姆·斯托克的通俗小说《德古拉》中主角的素材来源。

对于吸血鬼的神话，我们还必须考虑人类自古以来普遍对死者的恐惧因素。众所周知，在许多文化中，都以怀疑和恐惧的方式对待尸体，因为死亡掩盖了可怕的秘密。为了揭示这些秘密，各类巫师利用尸体的残骸进行可怕的仪式。罗马人认为死者的灵魂会在死后数日游荡在尸体周围，如果不举行适当的仪式，这些灵魂将继续在大地上徘徊以骚扰活人。这些恶魔被称为幼体。

但是，尸体跑出坟墓喝人血或吸收活人阳气的想法则根植于斯拉夫民族之中。罗马尼亚人把死而复生恐吓活人并以活人为食的可怕巫师叫作斯特里戈伊。消灭斯特里戈伊的唯一方法是在光天化日之下掏出他们的心脏，并用木桩或钉子将它们固定在棺材上。斯特里戈伊的受害者不会变为怪物，只有巫师的尸体才能变为怪物。

在德国北部，人们相信死者会获得重生甚至没有离开墓穴。他们仍然穿着裹尸布被掩埋着。 想想这个画面就令人不寒而栗。人们认为这些死者的心术不好，可能会给活人造成不利，例如引发瘟疫或饥荒。为了阻止它们作恶，在掩埋尸体时，要在他们的嘴里塞满土或在牙齿之间至少放一块石头。这个想法与吸血鬼的形象联系在一起，并想到另一个鲜明的标志：疾病。

确实，吸血鬼是诸如结核病或瘟疫之类疾病致病菌的携带者。人们普遍认为吸血鬼会引发各种疾病，以至于在14世纪，许多患有这些流行病的受害者被匆忙掩埋，甚至没有证实他们是否真的已经临床死亡（也许这就是为什么有些死者"重生"的原因）。我们遇到了很多这样的例子：死者被面朝下埋葬，戴着手铐或脚上钉着钉子。从理论上讲，当他们从坟墓里爬出来时，也不能走路。实际上，吸血鬼将他人也变成吸血鬼的这种能力被认为是一种疾病。

这些流行的观念使得相关辟邪物的买卖风生水起，也使得防御吸血鬼的方法不断涌现。最受欢迎的辟邪物包括大蒜和祭品，也有其他一些更鲜为人知的物品，例如野玫瑰、盐或硫黄，据说它们的气味令人难以忍受。更令人好奇的是在房屋门前的地面上或吸血鬼的坟墓周围撒上芥末、小米或小麦种子，因为人们天真地认为吸血鬼会通过收集和计算这些种子的数目来取乐。当曙光初现时，吸血鬼不会逃跑和躲藏起来。也有人认为吸血鬼不能进入未被邀请进入的房屋，因此不让陌生人进入房屋是安全的。

尽管现在我们对吸血鬼的印象是受到小说《德古拉》的启发，但传统意义上，吸血鬼都有着特殊的外表，包括极度瘦削的身体、苍白的脸庞以及又长又尖的牙。另外，据说吸血鬼可以变为某些动物，这些动物通常是藏在黑暗之处并且被认为是暴力或有害的，例如狗、狼或老鼠。

后来，人们还认为吸血鬼会变成蝙蝠，也许是由于某些以其他动物的血为食的蝙蝠被称为"吸血鬼"的缘故。

作为基本的特征，据说吸血鬼不会在镜子中有影像也不会有影子，并且无法触碰任何基督教象征，例如十字架或圣水。在青年时期暴死的人很可能会变为吸血鬼，但变为吸血鬼最常见的一种方法是被吸血鬼咬伤。另一方面，杀死吸血鬼不是一件容易的事：只能通过长钉刺入心脏、砍下脑袋或完全焚烧尸体的方法来杀死它。

象征意义

疾病·死亡

吸血鬼特别体现出人们对死亡、尸体和坟墓的恐惧。吸血鬼来自坟墓，而坟墓是活人与死人之间最后的屏障。吸血鬼是不接受自然秩序并无视死亡而且无视上帝的怪物。吸血鬼象征着生存的愿望、克服死亡的愿望，以及不惜一切代价实现人类所不可能实现的愿望。吸血鬼的本性是完全否定人性的，它是一种对生活的模仿。吸血鬼白天不能外出，必须在坟墓里休息，被神圣的一切所排斥，不能真诚地进入房屋。吸血鬼是游荡者。吸血鬼的存在总是伴随着疾病。吸血鬼的受害者不会立即死亡，而是会变得虚弱直至死亡，并变为吸血鬼—— 一场必须被灭绝的瘟疫的传播者。

索 引